中国雕塑博士文丛

最后的光亮
杭州飞来峰元代造像研究

朱　晨　著

上海书画出版社

总　序

　　1992年春末，中国雕塑学会成立，到今天已经有三十年了。这三十年一路走来称得上风雨同舟，但是硕果累累。学会成立的宗旨是"繁荣雕塑创作，推动学术研究，促进艺术交流"。推动中国雕塑事业的发展是学会的义务与责任，在同仁们的努力下，学会从实践、理论和学术等领域引领中国雕塑开创了一个又一个新的局面。

　　中国雕塑的发展离不开理论的支撑。都说搞雕塑的人敏于行而讷于言，然而，这三十年来最显著的变化特征之一就是活跃于此的理论家和评论家越来越多，关注理论研究、善于思考和表达的雕塑实践者越来越多。常言道，三十而立，在这个时间节点，对中国雕塑理论的发展进行一次总结，是回望，也是启程。学会在艺术委员会的提名中评选出了十九个有代表性的专题研究，希望通过这一系列丛书的出版，来展示中国雕塑理论所取得的成果，推进对雕塑理论的整理与研究。

　　上辑"中国雕塑史论文丛"，是知名理论家们的最新研究成果。比如《大道沧桑：雕塑在中国》《雕塑正向当代艺术敞开》从历史和未来的角度，深入总结中国雕塑的历史经验，从中描绘出一种发展趋势；《雕塑新论》《雕塑续问》《如是我见：雕塑散论》通过形而上的讨论，从"新雕塑观""多元文化对话""当代语境下的雕塑"等角度提出了新的观点；《由中转到再现代》《从语言到主体》则基于实践与理论的相互促进，聚焦中国雕塑的艺术形式、艺术思想与艺术创作问题。这些成果为研究和理解中国雕塑提供了新的视角和新的思路。

　　下辑属于年轻人，他们是中国雕塑理论的生力军。过去十年随着学科建设与发展，雕塑博士的人数呈几何级增长，越来越多的年轻雕塑家开始"用两条腿走路",能做能写而且成绩斐然。"中国雕塑博士文丛"所挑选的十二个专题,全部来自这些年轻学者的博士学位论文。文章的内容从雕塑历史到学科前沿,从美学观念到实践方法论,从传统造像到雕塑教育,从定性辨析到定量研究,从整体梳理到个案剖析,以点带面涵盖了中国雕塑发展的各个侧面。这些研究对具体问题的讨论独到而敏锐,展现出了青年学者开阔的学术视野与全新的知识结构。

中国雕塑的发展是复杂的。回溯历史能够清晰地看到一条从西学东渐到思想解放再到文化身份追问的脉络,三者的交叠与重合构成了中国雕塑的轮廓。今天的中国雕塑理论处在新的文化价值系统建立的过程中,其中的核心问题是如何分析与评价中国雕塑的现代化和现代性,这是中国雕塑自身发展的需要,更是时代的需要和文化的需要。

中国雕塑的前景是光明的。道阻且长,行则将至,行而不辍,未来可期。希望这一系列丛书能够为中国雕塑理论的推进做出一些贡献。

是为序。

二〇二三年五月于上海

前　言

　　杭州飞来峰位于北高峰的东南，与千年名刹灵隐寺隔溪相望。此处保存了堪称我国东南沿海地区规模最大的佛教窟龛造像群，镌造有大量五代至明代的佛教造像。现存较完整的造像有三百三十余尊，五代至元代的造像题记六十余处。其中，元代之造像缘其体量大，数量多，雕刻精美，又因其"显密并陈，汉梵并举"的特点而为学界所重视。

　　20世纪20年代，国外学者即关注于飞来峰造像。在国内，经历了20世纪50年代的开创、80年代的重启、90年代的深入，迄今，关于飞来峰造像的研究凸显了对其题材及样式更为精细的确认与论证的特点。不过，在对前人研究成果的梳理过程中，笔者觉得其中仍存在诸多疑问：

　　之一，中国窟龛造像在经历了千年辉煌之后，为何渐息于杭州飞来峰？伴随着中国密教造像的发展，为何此时此地出现了如此量多且精美的西天梵相？

　　之二，元朝对江南特殊的统治政策和飞来峰元代造像镌造的动因及其隐藏的目的究竟何在？飞来峰元代造像的主持者是否仅有杨琏真伽一人？

　　之三，杭州自五代以来即有大量的造像遗存，飞来峰元代造像题材与之关系到底如何？其中的藏传密教造像题材与西夏、元两都的是否真的相同？

　　之四，飞来峰元代造像中的汉传样式是否只是对本地样式的承继，还是另有蹊径？其中的梵相与藏密造像的源头又有何关系？"汉梵并用"的特点究竟始于何时？飞来峰元代造像中的这一特点又说明了什么问题？等等。

　　上述疑惑，也正是本书需要加以解决的。

目 录

总 序 1

前 言 3

第一章 飞来峰造像的总体状况及研究的历史与现状 1
第一节 飞来峰及其造像研究的历史沿革 3
第二节 飞来峰造像研究的方法及思考 8

第二章 飞来峰元代造像的历史渊源 13
第一节 中国窟龛造像的发展历程与飞来峰元代造像之关系 15
第二节 密宗造像的发展过程与飞来峰元代造像之关系 37

第三章 飞来峰元代造像的成因 49
第一节 元朝对江南特殊的统治政策与飞来峰元代造像之关系 51
第二节 飞来峰元代造像的镌造动因及其隐藏的目的 57
第三节 飞来峰元代造像题记中的疑点及思考 64

第四章　飞来峰元代造像的题材及来源　73

第一节　五代、宋杭州地区的造像题材与飞来峰元代造像题材之关系　75

第二节　西夏、元两都的造像题材与飞来峰元代造像题材之关系　85

第五章　飞来峰元代造像的样式特点及其来源　99

第一节　汉式造像的特点及其来源　101

第二节　梵式造像的特点及其来源　109

第三节　汉梵并用的造像特点　140

结　语　150

参考文献　153

第一章

飞来峰造像的总体状况及研究的历史与现状

第一节
飞来峰及其造像研究的历史沿革

杭州以湖山的秀美而著称于世，又因历史上曾为吴越国和南宋古都，在环湖的群山中遗存了众多的文化古迹，其中主要为佛教造像，按照其所在的区域，大致可分为南山和北山两区。南山区的窟龛造像主要分布在吴山、慈云岭、石屋洞、烟霞洞；北山区的窟龛造像主要分布在宝石山和飞来峰，其中飞来峰拥有数量最多的佛教造像。

飞来峰位于北高峰的东南，与灵隐寺隔溪相望（图1.1）。高约一百六十九米[1]，因其山体为石灰岩构成，长年的雨水侵蚀及风化，形成了许多奇幻多变的洞壑与巉岩曲折的山体，其中东麓有青林洞、玉乳洞和龙泓洞（图1.2）。在三洞内外和一线天、壑雷亭附近，以及冷泉溪沿岸至呼猿洞洞口的崖壁之间，镌刻了从五代、宋、元及至明朝众多的佛教造像，现保存较为完整的窟龛造像三百三十余尊。五代至元代的造像题记六十余处，其中位于青林洞内的后周广顺元年（951）题记的滕绍宗所镌造的西方三圣像，是飞来峰有确切纪年造像中的最早一龛。最迟纪年题记龛为至元二十九年（1292）第75、98和99三龛。[2]

杭州飞来峰造像至今已有千余年的历史，自明清已降多有文献提及[3]。但

1　高念华：《飞来峰造像》，文物出版社，2002年。
2　第75龛为多闻天王像，施主为"大元国功德主资政大夫行宣政院使杨"。第98龛为西方三圣像，施主为"大元国功德主宣授江淮诸路释教都总统永福大师杨"。第99龛为无量寿佛、文殊菩萨、救度佛母，造像施主为"大元国功德主资政大夫行宣政院使杨"。
3　［明］张岱：《陶庵梦忆》卷二《岣嵝山房小记》；［明］张岱：《西湖梦寻》卷二《西湖北山路》；

真正作为学术研究，起于20世纪20年代日本学者常盘大定、关野贞所撰写的《中国佛教史迹》[4]。我国学术界对于飞来峰造像的研究，始于20世纪50年代。此时史岩、王伯敏、黄涌泉等先生的论文无疑是具有开创性的[5]；20世纪六七十年代研究中断，20世纪80年代后重启，相关文章开始增多；直至20世纪90年代初，研究已较深入。洪惠镇、宿白及王跃工等先生的研究文章，为后来的研究在方法论上打下了坚实的基础。其后随着元史及藏学研究的进一步展开，飞来峰造像的研究也呈多元、全方位深化的态势，论文大量涌现。21世纪以来，研究视野更为宽广，上升势头延续至今。现因进一步研究的需要，在此对以往有关研究者、研究时段、研究方法、研究内容进行分析梳理，以求全面了解杭州飞来峰造像研究的现状。

20世纪50年代是杭州飞来峰造像研究的开创性时代，史岩先生的《杭州南山区雕刻史迹初步调查》[6]、王伯敏先生的《西湖飞来峰的石窟艺术》[7]、1957年由浙江省文物管理委员会编著的《西湖石窟艺术》及其后出版的黄涌泉先生的《杭州元代石窟艺术》一书，是从资料的收集整理、系统的介绍及专题的讨论等几方面来研究的。

20世纪80年代以后研究重启。此时所出版的"雕塑史""美术史"一类的书中多有论及飞来峰造像，但真正的以史料与实物进行互证来进行学术性研究的，始于洪惠镇先生的《杭州飞来峰梵式造像初探》[8]。在此文章中，第一次

[清]万斯同：《群书疑辨》卷十一《书田汝成诛贼髡碑后》；[清]丁敬：《武林金石记》卷八；[清]阮元：《两浙金石志》卷十三《宋贾似道三生石题名和灵隐题名》。

4 在常盘大定、关野贞所著《中国佛教史迹》第四辑（法藏馆刊行，1938年）中也有飞来峰造像图版刊出。

5 20世纪50年代，史岩、王伯敏、黄涌泉先生的相关论文是国内已知最早的有关飞来峰的研究性文章，且黄涌泉先生当时对佛龛的编号20世纪90年代初还在被有关文章使用。

6 史岩：《杭州南山区雕刻史迹初步调查》，《文物参考资料》1956年第1期，第9—22页。作者把杭州的佛教造像古迹分为南山区和北山区。此文主要针对南山区造像古迹的研究，但文中有多处与飞来峰造像的比对，因此也作为相关研究文章收入。

7 《文物参考资料》1956年第1期。

8 《文物》1986年第1期。

图 1.1 飞来峰通天洞（出口）

图 1.2 飞来峰玉乳洞

明确了飞来峰"梵式"造像的数量、形式及内容："据笔者初步统计，飞来峰现存元代造像六十七龛，大小合计一百一十六尊。其中'梵式'四十六尊，'汉式'六十二尊，其余八尊是受'梵式'影响的'汉式'造像。"并从名目繁多的喇嘛教造像中分出的一佛、二菩萨、三佛母、四罗汉、五护法，与飞来峰造像相对应，指出飞来峰"梵式"造像中没有罗汉像。然后分部逐龛、引经据典进行讨论，其中一些方面还纠正了相关研究者曾有的讹误，如明确了《武林金石志》载冯梦桢日记所说（"僧所尊奉者为救度佛母，此中具有二十一尊，首微斜者是也"）的飞来峰原有二十一尊救度佛母像后来被毁的误解，指出应为：佛母中最崇信的是二十一救度佛母，而其中"大白伞盖佛母"为元代最流行，"首微斜者"即指此像。"'梵式'造像探源"一节中，在对密宗及"梵式"造像的形成过程、表现形式的历史性研究后，得出"西藏的喇嘛教造像样式，起初直接模仿印度样式（也包括尼泊尔的作品）以后逐渐融合在本民族的传统中，其中也有'唐式'造像的因素"的结论。同时以《造像量度经》与飞来峰"梵式"造像的对照比较，从造像面型、形态细节、人体比例、造像服饰、背光莲座及装饰器物的分析中，勾勒出飞来峰"梵式"造像的特点。另外值得一提的是，为写《杭州飞来峰杨琏真伽龛及其他》一文，他曾数次攀岩实地勘察，为以后的研究拓宽了新的视野。

20世纪90年代初，随着研究的进一步深入，有些研究者希望从造像非艺术的诸要素这一角度进行研究，王跃工先生的《元代杭州佛教密宗造像之研究》一文即是这样的一篇文章。文中以文史资料的引证、藏密的形成过程、元代密宗与萨迦派的关系，指出了杭州的密宗造像也是承袭了该派的艺术特点。在分部考察元代密宗造像时，该文运用密宗教义分析的方法，明晰了元代飞来峰造像本都合于密宗教义，如"五方佛"与释迦佛的建造即是象征着密宗"五佛五智"的教义。同时，在造像题材中首次增加了上师部这一密宗造像所特有的内容。结语中还指出：

密宗的各种艺术形式是密宗教义之独特性的形象化体现，因此当我们意欲如实彻底地了解密宗艺术这种特殊的艺术现象时，我们便不仅不能放弃对它的宗教含义的认知，相反地，我以为这方面的探究是尤须深切的。作为宗教艺术，其本身常兼具着两方面的内涵，即教义功能与艺术功能，或言宗教功能与审美功能，而密宗艺术的这种两元性特征尤为突出。

同一时期还有宿白先生的《元代杭州的藏传密教及其有关遗迹》一文，也是相关研究的力作。他以文史的考据切入，层层抽丝剥茧，对杭州的藏传密教及其有关遗迹从史料方面进行一一考证，详尽而明晰。如为了考证杭州吴山宝成寺及其中之麻曷葛剌诸像，引文及注解多达数十条，对此像名称的由来、意义、形象、功用、影响，开凿的历史背景、建成后的功效、建造人的背景、铭文的考证、存世相同造像记载的比较等等方面都有翔实的文献考证。并以此论证："元灭南宋，于江南所置总摄释教之主要官员，多属帝师一系之萨迦派僧人，故所经营之塔寺佛像，也多当时大都盛行之萨迦系统的藏密形象。"

第二节
飞来峰造像研究的方法及思考

  20 世纪 90 年代初期以前的飞来峰研究，可以说在方法上给飞来峰造像的研究奠定了基础。洪惠镇先生的实地勘察与典籍互证；宿白先生的以对文史的考据为切入，并与现场查勘相结合；王跃工先生的以对宗教含义的深切探究为出发点，以求造像的教义功能与艺术功能的契合，都为后来的研究做出了很大的贡献。此后，各类研究文章大量出现，归纳起来研究内容有如下几个方面：造像整体风格及价值的研究；具体窟龛造像的研究；造像相关背景的研究；造像相关人员的研究；造像铭文的研究；同期周边造像的研究；造型细节的研究等等，拓展了研究的深度与广度。

  造像整体风格及价值的研究，除了此时有多本石窟集、美术史的相关介绍外，专题的论文也有多篇，从文中的研讨可以发现他们的视野更为宽广，同时也更深入，如研究元代造像时，能运用图像学的原理进行多时空的比较。有些研究者发现元代飞来峰"梵式"造像中的许多样式与现藏于俄罗斯圣彼得堡艾尔米塔什博物馆的黑水城出土西夏刊汉文佛经插绘有许多相似之处，再联系到元代派驻江南释教都总统杨琏真伽似为西夏僧，继而考证出飞来峰元代造像可能具有宋、西夏刊佛经插图的粉本[9]。熊文彬先生的《元代藏汉艺术交流》一文，更是从早期藏汉艺术交流、西夏在藏传佛教东传中的桥梁作用、元代的佛教发展史、元代佛教"西天梵相"的形成过程、元代藏传佛教在江南的传播到飞来

---

9 此观点可见于多篇相关论文，如赖天兵：《元代飞来峰藏、汉佛教造像探讨》，《吴越佛教》，杭州佛教学院编，宗教文化出版社，2004 年，第 77 页。谢继胜、高贺福：《杭州飞来峰元代造像的风格渊源与历史文化价值》，《西藏研究》2003 年第 2 期，第 42 页。

峰藏传佛教造像，全面地考量了藏汉艺术交流的历史，在横向、纵向的多方比较中得出一些结论。如：

> 值得注意的是，与同一时期萨迦寺和夏鲁寺以及随后时期西藏地区的藏传佛教艺术作品相比，飞来峰的典型藏式风格已经出现了较为明显的汉化倾向。大多数同类风格造像除在图像学上与西藏地区的同类造像保持一致外，造型已经出现了与之相异的变化。菩萨和佛母苗条的腰身开始趋于粗壮，柔软的"S"形轮廓逐渐消失。如从第47龛绿度母与呼猿洞无量寿佛胁侍救度佛母造像以及第26龛文殊菩萨与呼猿洞无量寿佛胁侍文殊菩萨同一造像之间的比较就可以明显看到这种造像上的变化。

还有一些研究者则把飞来峰造像的多个时期放在一起，从造像相关的题材、风格、须弥座、佛龛、背光、题记等等方面进行比较分析，以求寻找到其中的异同。如关于佛龛的比较：

> 五代佛龛形制多数较浅，后壁弧形，并与顶面和左右壁面连成一个大的弧面，各壁面之间没有明显的界线。北宋时期的佛龛比较浅，后壁多较平直，与其他各壁面的界限相对分明，其夹角略大于直角。元代的佛龛普遍较五代和宋代的佛龛深，顶面有平面，也有拱券形。而其余各壁面基本上皆成平面，也有些佛龛中部较两侧稍高，呈凸字形。[10]

此外，对造像题材内容从图像学的角度也有一些新的辨析。赖天兵先生的《杭州飞来峰藏传造像题材内容辨析》一文，即与洪惠镇先生《杭州飞来峰梵式造像初探》中的密宗造像各部进行对照辨析，提出了许多新的看法。如第37

---

10 高念华主编：《飞来峰造像》，文化出版社，2002年。此书序文中的相关讨论是在不同章节中展开的，为论述方便，现合于一处。

（13）龛佛像，洪文称其为中央如来部毗卢舍那，赖文称为释迦牟尼佛；第46（16）龛，洪文称为南方宝部宝生佛，赖文称为药师如来像；又洪文认为第67（38）龛是受"梵式"影响的"汉式"造像，赖文则认为纯属藏传佛教题材，而其艺术风格为藏、汉合韵，藏风略显。

就具体窟龛造像的研究而言，现今对包括3、37、55、68、84、91号等在内的佛龛已有专文进行探讨。在研究的方法上一般都采用实物勘察、教义分析、文献梳理、最新图像资料比对等多种手法相结合，明确了一些号龛造像的身份、龛造此像的目的、造像题材的性质，并作了较为翔实的论证。有些在反复的实地察看中还有新的发现，正与史料相契合，91龛的密理瓦巴像就是这样的一个例子。[11]造像相关背景的研究与造像相关主要人员的研究，在有些时候是相互交织在一起的，如研究"元代杭州行宣政院"，除了研究其设立、沿革、行事外，还必然会研究其相关的官员。而研究造像相关的主要人员，也必定要联系到其任职的时间、原因、何职、去留。现此类的文章不多，其中陈高华先生的《略论杨琏真伽与杨暗普父子》与邓锐龄先生的《元代杭州行宣政院》两篇文章的论述最为详备。杨琏真伽是元军入杭受降后第二年，即至元十四年（1277）被忽必烈用为江南总释，并掌释教。飞来峰元代造像的施造就是他在杭的重要活动之一，许多造像题记中都有与之相关的记载。因此他是飞来峰元代造像研究背景中最重要的人物，造像的形式、内容、目的都与之有直接的关联。《略论杨琏真伽与杨暗普父子》一文从杨琏真伽的籍贯、称号、其发迹到倒台行经的记载、其儿杨暗普的被继续任用等原因来看忽必烈的宗教政策，并得出正是因为杨琏真伽是忽必烈宗教政策的积极执行者，才使其在元宣政院使桑哥失足后仍得到庇护，同时其子继之而起长期被重用。邓锐龄先生的《元代杭州行宣

---

11 赖天兵：《杭州飞来峰萨迦派印度主师龛像初考》，《南方文物》1999年第4期，第78—83页。对第9号龛密理瓦巴像，自20世纪20年代以来，研究中多只作外形特征的描写，对其身份、造像内容、造型的意义都未予诠释，此文作者在现场勘察中发现主尊右手所指方向有一云纹衬托着的圆盘，即判断为太阳，造像题材因此明确，为记载中大成就者毗卢波（密理瓦巴）在欧提毗舍定日成功，得胜将进酒的那一幕。

政院》一文则从行宣政院的设立、行宣政院初期行事、行宣政院的几次废罢、行宣政院与地方上其他机关的关系、关于行宣政院使、关于行宣政院后期行事、僧寺经济迅速增多的影响等多个方面就杭州行宣政院一一作了综述,可谓详尽。

飞来峰造像铭文的研究,是确定造像纪年的最重要的依据,其丰富的内涵始终是研究的重点。位于飞来峰青林洞内的后周广顺元年(951)题记的滕绍宗所舍造西方三圣像,是飞来峰有题记的造像中最早的一龛。宋代以咸平三至六年(1000—1003)所造的小罗汉数最多。元代造像有题记可查的始于至元十九年(1282),终于至元二十九年(1292),题记中属元代的文字尚清晰,基本可辨者有十二块[12],研究中还不断有新的发现,如梵文陀罗尼石刻、梵汉合璧六字真言、郭经历造像题记的明确等等[13],使飞来峰造像研究更趋深化。同期周边造像的研究,也作为飞来峰造像开凿时的整体时代背景,来印证其施造时的社会环境、人文因素,起到了一定的作用。[14]造像局部、细节的深入研究,也同样成为确定一些造像题材、样式及其来源的重要手段。[15]

飞来峰造像的研究虽然在许多方面已有相当的建树,但笔者认为有些问题还可以进一步深究,有些方面的研究尚未充分展开,有些地方则可以以新的角度去思考。在一些研究文章中,虽然已对中国佛教造像作了概述性的论述,但并未把飞来峰造像的研究真正放到整个佛教造像的系统中去论述,如能把飞来峰的造像作为中国佛教造像继唐以后在江南的延续,从造像形式的原因、造像题材、造像样式、造像手段等多方面进行比较,可能会是一个新的视点。

---

12 元代飞来峰造像题记中基本清楚、可辨识之十二块在高念华先生主编的《飞来峰造像》一书中已有相关文字刊出。

13 见赖天兵:《杭州飞来峰梵文陀罗尼石刻》,《浙江佛教》2000 年第 2 期;《杭州飞来峰发现元代梵汉合璧六字真言题记》,《文博》,第 78—79 页;《飞来峰郭经历造像题记及相关的元代释教都总统所》,《文物世界》2008 年第 1 期,第 31—33 页。

14 见赖天兵:《杭州西湖宝石山造像考述》,《中国藏学》2006 年第 1 期,第 50—59 页;谢继胜、高贺福:《杭州飞来峰元代造像的风格渊源与历史文化价值》,《西藏研究》2003 年第 2 期,第 43 页。

15 见赖天兵:《两种毗卢遮那佛造型:智拳印与最上菩提印毗卢像研究》,汉藏佛教美术国际学术讨论会论文,2006 年,第 177—186 页。

在"梵式"造像的研究中，也有首先了解其所表现的内容，即密宗教义发展而来的藏传喇嘛教教义，继而了解表现这些教义的造像形式，但此前的研究文章中此类的表述一般较为简略，而且各篇的论述似各有侧重[16]。因此从印度密教的发展过程及其早期密教造像、印度密教与藏传密教的关系；斯瓦特、克什米尔密教造像、印度密教造像、尼泊尔密教造像与飞来峰藏传密教造像三者的关系；早期藏传密教造像、西夏藏传密教造像、元两都藏传密教造像与飞来峰元代密教造像的关系出发，来厘清元代"梵式"造像的源头及发展的脉络，也有许多新的研究可做。

再者，飞来峰元代造像的成因，虽似有显而易见的一面，但其造像的特殊性，是否预示着元代的宗教政策，当时杭州的整体政治、经济、文化环境也还有未述的一面，而且其重要性是否还未被充分地认识，也是值得思考的问题。

从造像样式来说，之前的研究与论述，一般都是因造像题材、内容考证之需所作的相关论述，但造像样式本身也是佛教中不可或缺的部分。[17] 因飞来峰元代造像样式的特殊性，可从"梵相"样式发生、发展及形成的过程来进行一些考量：例如，一、从梵式造像的成因及发展过程中样式的变化来看飞来峰梵式造像的特点及来源；二、把飞来峰元代造像与杭州地区五代以来原有造像样式进行比较，以明晰两者之间的关系；三、以元两都及西夏遗存的造像与飞来峰造像进行对比，考察其中的异同点及相互关系，等等。

飞来峰造像的研究应该是全方位的。笔者以为，结合以往的研究成果，如能从飞来峰造像样式的相关因素本身出发，以佛教教义为旨归，以文史典籍为依托，或许会使飞来峰造像的研究走出一片新的天地。

---

16 王跃工：《元代杭州佛教密宗造像的研究》，《新美术》1998年第2期；洪惠镇：《杭州飞来峰梵式造像初探》，《文物》1986年第1期；赖天兵：《杭州飞来峰元代石刻造像艺术》，《中国藏学》1998年第4期；这些文中都有论及密宗及其造像的历史，但侧重点各异。

17 以《造像量度经》作为造像依据来进行论证是飞来峰造像研究中常用的方法，但未有从造像制作手法的角度来研究。

第二章

飞来峰元代造像的历史渊源

第一节
中国窟龛造像的发展历程
与飞来峰元代造像之关系

佛教自东汉传入我国后，3世纪开始在我国的新疆自喀什向东的塔里木盆地的北延路线上开窟造像。随着佛教的东渐，从公元5世纪起在河西地区有了大量的石窟开凿活动，随即发展至中原地区，同期在南方的建康（今南京）和浙江新昌剡溪也有窟龛的雕凿。北方中原地区的窟龛造像活动在经历了5—6世纪的盛期、7—8世纪的发展期后，直至中晚唐，由于武宗灭法，加之黄巢起事和长期的门阀混战，北方石窟之开凿渐趋衰落，代之而起的是长江流域四川、重庆和南方杭州地区，8—12世纪此地成了全国最主要的窟龛开凿之地。至13世纪，大量的木构寺院的建造，开凿石窟之举愈趋凋零。但元朝却在杭州的飞来峰再兴凿龛镌像之举，之后全国则再无大型的开窟造像活动。中国窟龛造像从新疆发端，在经历了千余年的发展后，在此走到了终点。佛教造像从其诞生起，是由何种因缘，又是在何种条件下，以何种方式传播至中国的，又经历了如何的发展，最终为何在13世纪的元代终结于杭州，即中国窟龛造像的发展与飞来峰元代造像的关系又是如何，这是本节想要探究的。

但凡一生命体被携至一新的疆域，欲求生存，除了携带者、携带途径之外，还必须具备适宜生长的土壤及环境、适当的时节等。文化的传播与发展也时常遵循着这一自然法则。一种外来文化传播至异域，欲求植根于原有本土文化并期得以发扬光大，同样也必须具备文化的传播者，传播途径，及能够接受外来文化的社会环境与人文环境，同时，传播的时机有时也具有决定性的作用。佛教造像的形成及传播至亚洲各地的过程，无时不在验证着这一定律。

佛教造像最早的形成地之一印度犍陀罗地区，曾经历了公元前6世纪波斯

图 2.1　公元 1—2 世纪，迦腻色迦金币，沙吉奇德里出土，波士顿美术馆藏

大流士一世的征服、公元前 189 年巴克特里亚（大夏）希腊人的征服、公元前 325 年亚历山大的入侵，等等。他们的入侵都使得希腊文化得以进入该地区。再者，公元前 305 年，孔雀王朝对此地的统治，第三代阿育王在此树立的法敕碑文，表明了犍陀罗地区的佛教也正兴于此时。而传说中巴克特里亚希腊人国王弥兰陀问法于印度高僧那先比丘，并成对话式的巴利文经书——《弥兰陀问经》（汉译《那先比丘经》），其对印度文化的热情在此王朝出土的钱币中得到了进一步的验证，因为钱币之上，已是印度文与希腊文并用（图 2.1）。取而代之的统治者塞族人、帕提亚人（中国史称安息）在对希腊文化爱好的同时也信奉佛教，都促成了希腊神像最终与佛教教义的联姻。[1] 同时，公元前 1 世纪中佛教内部由部派佛教向大乘、小乘分化的转变，大乘佛教自利利他的精神，使之倾向于把佛陀作为理想化的无所不在的佛教传播的象征，从教理上使佛教造像最终得以形成。

　　同样，佛教得以东传我国，也是各方面条件相契而成的。从历史的渊源来

1　王镛：《印度美术史话》，人民美术出版社，2004 年。

看，西北陆路佛教传播之条件得天独厚。一为印度贵霜王朝之统治者原为敦煌之大月氏部落，二来其时佛教传来之西域各国皆已臣服于月氏，三因当时匈奴已衰，我国内部因战乱而数度弃置西域，西北地区与西域及印度颇能自由往来，而且佛教已成为该地区的公共信仰。加之佛教在我国初传之时，依傍方术之势，合与民间祸福报应之需，并有助于名士清谈玄理之风，同时高僧大德的传教译经，都使得佛教大法遂兴起于华夏。[2]

为了明晰佛教东传之路，理清中国窟龛造像的发展过程，对佛教及佛教造像传入我国的路线，进行一些梳理是有必要的。自汉明帝时，佛法始传我国，传入途径与古丝绸之路相吻合，似早有定论。大量的文献记载以及丝绸之路沿途的众多石窟遗迹也都给予了充分的佐证，然而，随着长江流域众多早期佛教遗物的出土，许多学者对早期佛教传入我国的途径，又有了新的思考，例如梁启超先生曾经认为的"佛教之来，非由陆而由海，其最初根据地，不在京洛而在江淮"。[3] 又比如：伯希和在《牟子考》中，所说："当纪元一世纪时，云南及缅甸之通道，二世纪时交州南海之通道，亦得为佛法输入之所必经。"[4]

近年来在此方面曾有热烈的讨论，讨论的结果大致有三：其一可谓传统派，坚持佛教最初是由印度经中亚传入我国的，并由丝绸之路的南北两路，经敦煌通过河西走廊到达中原的广大地区，并伸展至西南及江南。其二，早期佛教初传中国南方说则认为，佛教最初是由印度经缅甸传入我国的云南、四川，四川早期佛

---

2 汤用彤：《汉魏两晋南北朝佛教史》第八章"释道安"，武汉大学出版社，2008年，第129页。

3 海路说最早为梁启超先生所提出，其在《佛教研究十八篇》之《佛教之初输入》附二中提出："当今研究佛教初输入地之问题。——向来史家，为汉明求法所束缚，总以佛教先盛于北，谓自康僧会入吴，乃为江南有佛教之始（《高僧传》卷一《康僧会传》）。其北方输入所取途，则西域陆路也。以汉代与月支、罽宾之迹考之，吾固不敢谓此方面之灌输，绝无影响。但举要言之，则佛教之来，非由陆而由海，其最初根据地，不在京洛而在江淮。汉武帝刻意欲从蜀滇通印度，卒归失败，然非久实已由海道通印度而不自知。盖汉代黄支，即《大唐西域记》中西印度境之建志补罗国，时以广东之徐闻合浦为海行起点，以彼土之已程不为终点，贾船传相送致。自尔以来，天竺、大秦贡献，皆遵海道。凡此皆足以证明两汉时中印交通皆在海上，其与南方佛教之关系，盖可思也。"

4 转引自葛兆光：《中国思想史》，复旦大学出版社，2007年，第375页。

教样式受秣菟罗艺术风格的影响，自西向东，呈多中心波动式前进。[5] 其三，应该考虑存在包括海路等多条路径佛教传入我国的可能性。[6]

我们先来看看西南川滇缅印道，此道古已有之，据《后汉书·南蛮西南夷列传》载：

> 永平十二年，哀牢王柳貌遣子率种人内属……西南去洛阳七千里，显宗以其地置哀牢、博南二县，割益州郡西部都尉所领六县，合为永昌郡。始通博南山，渡兰仓水。[7]

自县郡建成后，南亚诸地时有来汉献礼通好，但同时西南外夷叛乱不断，时乱时定，很难想象能在此进行众多的商贸与文化交流，有关经由此道的佛教传播记载更是少见。川滇缅印道的我国第一站云南省的两个佛教中心，西双版纳及德宏地区，佛教传入已在 7 世纪初，至于大理地区，则始传于"南诏国"立国前后（8 世纪初）。迄今未发现 7 世纪以前有关佛教传播的信史及文物。[8] 并且四川发现的早期佛教造像皆在岷江及长江一线，并顺江而下，岷江、长江以南的川南地区及比邻的云南境内早期佛教遗物罕有发现。[9] 因此佛教东传我国始于川滇缅印道之说在佛教传播的条件及论证的材料上是证据不足的。

海道，无论是菲律宾出土的印纹陶器、原始稻米种植标本与河姆渡出土的

---

5 阮荣春：《早期佛教造像的南传系统》，《中国南方佛教造像艺术》，上海书画出版社，2004 年。

6 林树中：《早期佛像输入中国的路线与民族化民俗化》，《中国南方佛教造像艺术》，上海书画出版社，2004 年。

7 《后汉书》，中华书局，2010 年，第 2849 页。

8 温玉成先生指出"诚然，据专家们考证，在 1 至 3 世纪前后，在中国西南的崇山峻岭之间的确存在过一条'南方丝绸之路'，但没有关于佛教传播的任何记录可见，商业通道和宗教传播之路是不能简单等同的，印度、尼泊尔与中国西藏之间，自古即有交通，但佛教传入西藏是在 5 世纪以后。温玉成：《中国佛教与考古》，宗教文物出版社，2009 年，第 62 页。

9 吴焯：《四川早期佛教遗物及其年代与传播途径的考察》，《中国南方佛教造像艺术》，上海书画出版社，2004 年。

基本一致，还是近年来在庙岛群岛周围海域不断有发现被认为是商代夷人驳船的石锚，都印证了我国自古即有通过海路与东南亚的交往这一史实。[10]《汉书·地理志》则记载了从日南、障塞、徐闻、合浦启程至邑庐没国、谌离国、夫甘都庐国（今缅甸境内）、黄支国（在今印度南部）、已程不国（即今斯里兰卡）的航线以及航程。从记载来看，自汉武帝以来，随着南越的平定，设置九真、日南、交趾三郡后，商贾船只，交通往来已颇频繁，天竺等国也通过此道常来贡献，如《后汉书·西域传》天竺国条载：

  天竺国一名身毒，在月氏之东南数千里……和帝时，数遣使贡献，后西域反畔，乃绝。至桓帝延熹二年（160）、四年，频从日南徼外来献。[11]

及安息国条载：

  至桓帝延熹九年，大秦王安敦遣使自日南徼外献象牙、犀角、瑇瑁，始乃一通焉。[12]

但史料中并未见有汉代佛教自海道传来之记载，但此时东汉首都洛阳佛教已兴，《后汉书》中所载之楚王英与桓帝信奉佛教之事，[13]也当起于西北佛

---

[10] 林树中：《早期佛像输入中国的路线与民族化民俗化》，《中国南方佛教造像艺术》，上海书画出版社，2004年。

[11] 《后汉书》，中华书局，2010年，第2920—2922页。

[12] 同上。

[13] 《后汉书·楚王英传》云："英晚节更喜黄老，学为浮屠斋戒祭祀。永平八年，诏令天下死罪皆入缣赎，英……奉送缣帛赎愆。……诏报曰'楚王诵黄老之微言，尚浮屠之仁慈，洁斋三月，与神为誓，何嫌何疑，当有悔吝，其还赎以助伊蒲塞（即优婆塞）、桑门（即沙门）之盛馔，因以班示诸国。'"梁启超先生认为："汉武平南粤后，大迁其人于江淮，此后百数十年中，粤淮间交通当甚盛，故渡海移根之佛教，旋即播莳于楚乡，此事理之最顺者。而楚王英奉佛，即此种历史事实最有力之暗示也。"汤用彤先生则认为："楚王英所辖地，约跨今皖豫齐诸省，在淮河之南北。及永平十三年，英以罪废徙丹阳，赐汤沐邑五百，从英南徙者数千。佛教或因之益流布江南。"

教的传入，后楚王英永平十三年（71）以罪被废携数千人来到丹阳、泾县，使佛教流布江南，之后才有汉末丹阳人笮融大兴浮屠之事。[14]

至吴孙权统领江南时，已关注海上通道，并遣宣化从事朱应、中郎康泰通访东南亚诸国，沿途所经百数十国，遂成传记。但《吴志》却未载与西域交通之事，吴时海上交通也不频繁，建业佛教虽有康僧会从交趾，"以吴赤乌十年（248）初达建业（今南京），营立茅茨，设像行道"，但"时吴地初染大法，风化未全"，"以初见沙门，睹形未及其道，疑为娇异"。[15]并因此时从交趾至建业可走陆路，康僧会是否从海道而来，也未见记载，因此佛教是否始自海上传入，自不能臆断。时至南朝，宋、齐、梁、陈采取了积极拓展对外交流的政策，海上往来业已频繁，南亚诸国时有来献通好之事，而且所献多为方物，如晋义熙初（405—418）狮子国（今斯里兰卡）"遣使献玉像，经十载乃至，像高四尺二寸，玉色洁润，形制殊特，见者疑非人工"。梁武帝时遣沙门云宝随扶南使返其国迎佛发等。[16]我国僧人西行取经，也常常以海道往还。当时中国交通口岸已有四个，一为广州，二为交趾，三为梁陈之梁安郡，四为交州一带。东晋高僧法显，于义熙八年（412）携经像循海归国时，先欲在广州登岸，遇大风，船漂泊至青州长广郡的劳山南岸登临。

因此，"南方与天竺交通，亦由海程"。[17]佛教的传入除西北陆路外，还经海道，是符合史实的，但重要的是传入的时间孰先孰后。

多年来，我国长江中下游已出土了许多有明确纪年为3世纪的佛教造像（据阮荣春在《中国南方佛教造像艺术》一文中统计已有六十件，其中有纪年共十处）。从时间上来看，与文献中所载有关佛教在此地的传播是一致的，此时正

《后汉书·襄楷传》载桓帝延熹七年楷上疏云"闻宫中立黄老浮屠之祠"。梁启超先生指出："此语见诸奏牍，必为事实无疑。帝王奉佛，盖自此始。"

14 汤用彤：《汉魏两晋南北朝佛教史》，武汉大学出版社，2008年，第56页。

15 汤用彤校注：《高僧传·康僧会支谦条》，中华书局，2004年。

16 ［唐］李延寿：《南史》，中华书局，1975年。

17 汤用彤：《汉魏两晋南北朝佛教史》，第85页。

图 2.2 印度，犍陀罗时期，佛坐像

图 2.3 东汉，乐山麻浩崖墓门楣佛像

图 2.4 三国，摇钱树陶座佛像

图 2.5 三国，摇钱树佛像

图 2.6　三国，人物楼阁魂瓶　　　　图 2.7　三国，人物楼阁魂瓶（局部）

处"汉献（190—220）末乱，支谦避地于吴，孙权闻其才慧，召见悦之，拜为博士"。（《高僧传·康僧会支谦条》）支谦为大月氏人，时居洛阳，后康僧会也从交趾至东吴，两人同为西域僧人，当时西域盛行犍陀罗佛教造像样式（图2.2），长江中下游已出土的同时代佛教造像样式是与其相一致的，如四川乐山麻浩（图2.3）、彭山摇钱树佛像及其陶座（图2.4），均为结跏趺坐，着褶皱厚重的通肩式袈裟，并呈U形下垂，右手于胸前施无畏印，左手执衣，发型上梳，顶上挽髻，从形式上看，与白沙瓦博物馆藏迦腻色迦的圣骨盒顶佛像很是相像。四川忠县出土的佛像，唇上有髭，为犍陀罗风格仅有（图2.5）。1995年南京上坊出土的吴凤凰元年（272）人物楼阁魂瓶中之佛像，着通肩式袈裟，结跏趺坐，其作禅定印，并似坐于莲花座上，也为犍陀罗风格独有（图2.6、图2.7）。而且，上述佛像皆为胡人形象，这与当时行道者多为西来之胡人是有关联的。早期长江中下游地区的佛教及佛教造像，主要还是因为北方战乱，大量僧侣避乱南迁之时携来此地的。

　　再来看南北朝时南方佛教样式。此时印度正处笈多时期（320—550）佛教造像样式大兴之时。从当时中印海道沿途诸国来看，此地皆通行小乘佛教，如斯里兰卡（旧称锡兰），虽与印度佛教有很深的历史渊源，僧伽罗美术风格与南印度美术多有相像之处，并常常被作为印度美术的一个分支，但到公元3世纪以后大乘佛教才在这里有很大的发展，因此，斯里兰卡的佛教造像皆带有印度笈多时期的风格（图2.8、图2.9）。另我国高僧法显西行取经，经由海路回国时，曾泊的耶婆提（一说为印度尼西亚之苏门答腊，另说为爪哇），其虽为中印航道上的佛教大国，印度文明在公元初的几个世纪已影响该地，但佛教之真正传入也在4世纪以后，因此，此地的佛教造像也为印度笈多时期的风格。此外西境与印度接壤的缅甸，一些古代遗址中的石刻佛教造像也呈笈多式风格。作为海上交通的重要枢纽扶南（今柬埔寨），虽建国初即受印度文化的影响，但5世纪左右大乘佛教才当流入，出土的佛像也多为印度笈多时期的风格。而史载5世纪时其与我国南朝交往甚密，来献也多为方物。

值得重视的是，从青州龙兴寺出土的佛像遗物中，确有许多受笈多式风格影响的因素，无论从时间还是佛像的形式来看都与中印海道沿途的南亚诸国盛行的造像风格有相似之处（图2.10、图2.11）。因此，笔者以为，通过海道进行佛教交流是显而易见的，但不是佛教传入之始，而是在公元4世纪以后，当时印度及南亚诸国皆已流行笈多风格的造像样式，从记载来看此时南朝与南亚诸国多有往来，我国僧人西行求法也常经海道，如法显即取此道回国，所携佛像也应是当时盛行的笈多风格的造像。其所登临的青州地区，时海上交流畅通，造像样式更可直接受到来自海上的影响，同时青州作为魏晋南北朝时期的政治文化要地，历史渊源所形成的与南朝的若即若离的关系（青州于公元410年归入东晋，469年亡入魏，528年太守羊侃起兵反魏投梁，后经东魏、北齐），佛教造像在形成过程中也应很大程度地受到南朝风格的影响，现在青州所出的大量的佛教造像，其样式充分地印证了以上的推论，是很具有代表性的。

我们再回到西域通道，之前已简单地叙述了其在佛教传入时存在的优势，但如要明晰佛教是如何通过西域东传我国的，首先应了解西域与我国和印度的关系。而其中最关键的是大月氏人如何应对印度的入侵与贵霜王朝的建立。关

图 2.8　印度笈多时期，佛立像　　图 2.9　斯里兰卡，佛立像

图 2.10　印度笈多时期，佛立像　　图 2.11　北齐，佛立像

于大月氏，古代文献中多有记载，大月氏本是甘肃敦煌一带的小部落，西汉初（汤用彤先生推断，约在文帝时，前179—163年），被匈奴所败，往西北迁徙，越葱岭。在西迁过程中，逐渐强大，先都于哈布尔（今土耳其），南下占领了时为希腊人统领的大夏（阿富汗境内），然后攻入北印度的迦湿弥罗（又称罽宾，今克什米尔），最终驱逐了希腊人，占领了犍陀罗，势力至于中印度。建立了疆域包括今巴基斯坦、土耳其、阿富汗南部、印度北部强大的贵霜王朝。[18]

史载贵霜王朝的创立者月氏人邱就郤就已笃行佛教（其在位时约西汉末，东汉初），至其子迦腻色迦王时，贵霜王朝达于极盛，并在迦湿弥罗（今克什米尔）举行了佛教史上著名的佛藏第二次集结，成为佛教的中心。时中亚诸国，如安息（在今伊朗境内）、康居（今土耳其北部）都已臣服于月氏，而迦湿弥罗与我国境内的于阗仅一山之隔，新疆最西境之疏勒（今喀什），又为月氏之保护国。佛教传入我国自当全无障碍，史载月氏与中国素来友好，如前所述，后汉和帝、桓帝时都有来献，并且"其时匈奴已衰，不复能侵占西域，中亦数度弃置西域，不复经略。故玉门以西葱岭以东诸国，颇能为自动的发展，而于阗、鄯善、龟兹（今库车）、疏勒为之魁。其公共文化之枢，则佛教也"。[19]

今天西域与我国新疆境内的大量考古挖掘发现，也充分地印证了这一点。时西域虽地域辽阔，但佛教传播的沿线诸地，与东西商贸的丝绸之路南北两线正合，因此，此地商贾往来频繁，各聚集地人种交错，同时有多种不同语言与文字在使用。当时中亚一带同时在使用的有（大夏）吐火罗语、波斯语、梵语、（于阗）塞语、（康居）粟特语等。但贵霜王朝所用的佉卢文犍陀罗语因其作为月氏人神圣的佛教典籍用语，随着佛教的传播，成了整个西域佛教文化的通

---

[18]《汉书·西域传》："大月氏本居敦煌祁连间，至冒顿攻破月氏，而老上单于杀月氏，以其头为饮器，月氏乃远去。过大宛西，击大夏而臣之，都妫水北为王庭。"《后汉书·西域传》大月氏条："初，月氏为匈奴所灭，迁于大夏，分其国为五部翖侯。后百余岁，贵霜翖侯邱就郤攻灭四翖侯，自立为王国，号贵霜王。侵安息，取高附地，又灭濮达罽宾，悉有其国。邱就郤年八十余死，子阎膏珍代为王。后灭天竺。"

[19] 梁启超：《佛像研究十八篇·佛教与西域》。

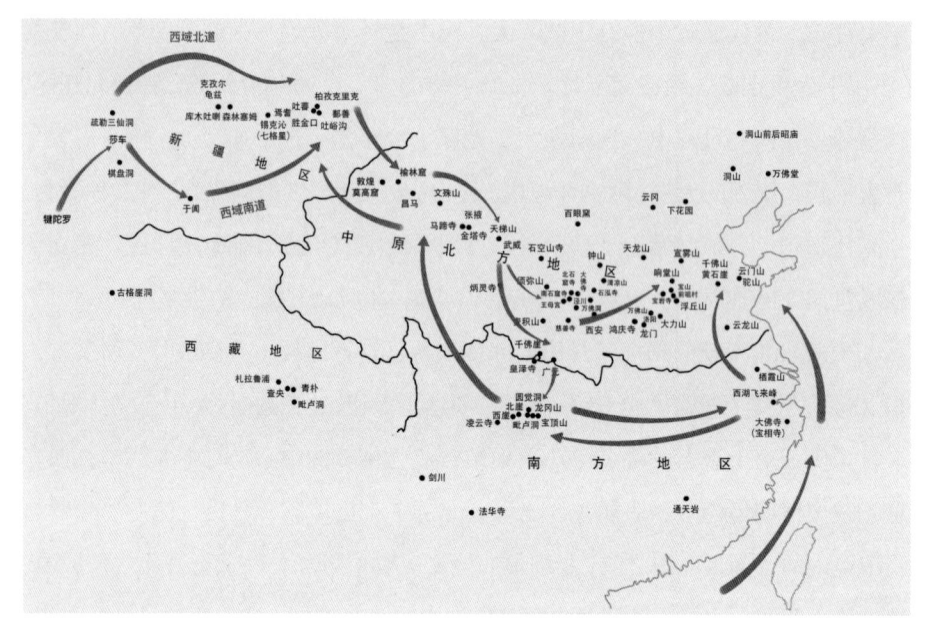

图 2.12 佛教东传线路及石窟分布示意图

用语。新疆尼雅遗址出土的佉卢文《法句经》，经专家鉴定为公元 2 世纪的遗物，并且认定为"世界上现存最早的佛经"，这是印度佛教最早自新疆地区传入的重要依据。"2—4 世纪塔里木盆地的疏勒、于阗和龟兹历史上都流行犍陀罗语，不仅是三地佛教经堂用语，甚至影响到这三个古代王国的官方用语"，并且"楼兰尼雅出土魏晋文书多处提'月氏胡'。故知鄯善境内确有贵霜人侨居。更说明问题的是，鄯善国使用贵霜官方文字——佉卢文作为王国的行政语言，鄯善书吏往往世代相袭，所以鄯善王御用书吏大多是贵霜移民"。[20]20 世纪 20 年代，北京大学马衡教授所征集到的佉卢文井阑，表明在东汉灵帝年间（168—184），已有大量贵霜月氏人从东亚迁徙至我国境内，并已至东汉的首都洛阳。[21]

---

20 林梅村：《西风古道——考古新发现所见中西文化交流》，《犍陀罗语文学与中印文化交流》，三联书店出版社，2000 年，第 345 页。

21 同上，第 355 页。

这与史料中所载当时有许多西域高僧的到来是相吻合的。[22] 佛教传入按照西来之僧侣国籍，大致可分为前后三个阶段："后汉、三国以安息、月支、康居人为多；两晋以龟兹、罽宾人为多；南北朝则西域诸国与印度人中分势力；隋唐则印人居优势。"[23]

以上史料充分说明佛教初传之时，葱岭东西已然一大政治、经济文化区域，佛教传播理所当然，佛教东传的具体路线则为，自印度贵霜王朝之罽宾先行向北，翻越过克什米尔葱岭，进入我国新疆境内则分南北两道（图2.12）。时匈奴已衰，在各部的交战与兼并中形成了南北较为集中的统治力量，北道有龟兹、焉耆两大重镇，南道仅于阗、鄯善两霸主。据《后汉书·西域传序》：

明帝永平中，于阗将休莫霸反莎车，自立为于阗王。休莫霸死，兄子广德立，后遂灭莎车，其国传盛。从精绝西北至疏勒十三国皆服从。而鄯善王亦始强盛。自是南道自葱岭以东，唯此二国为大。

南道传播从莎车至于阗，沿昆仑山南麓行至鄯善，越沙漠至敦煌，再入关进凉州。北道从疏勒（喀什）至龟兹，东行至焉耆、吐蕃，再到敦煌入凉州（也有从焉耆过沙漠至于阗，法显即取此道）。入凉州后再东行至西安、洛阳，乃至中原。至晋代中原大乱，凉州又为必经之道，众高僧因避乱聚集于此，或有自凉州经青海道（或称河南道或吐谷浑道）入蜀，并顺岷江东下江陵，以达江东。近有学者认为还有一条从西域于阗、鄯善，穿越柴达木盆地，经青海进入蜀之西界，复沿岷江向东发展的佛教传播路线。[24] 而南朝亦有经此道西去求法者，《高僧传》齐上定林寺释法献条载：

---

22 汉灵帝间来华的高僧有：安息国人安世高(桓灵间)、月支国人支娄迦谶、天竺人竺佛朔、安息人安玄、月支人支曜。

23 梁启超：《佛像研究十八篇·佛教与西域》，天津古籍出版社，2005年。

24 有王育民、余太山、吴焯等先生提出，此说与长江中下游地区所出之早期佛教遗物分布相吻合。说明此应是早期佛教渐被南方的通道之一。

宋元徽三年，发踵金陵，西游巴蜀，路出河南，道经芮芮。既到于阗，欲度葱岭，值栈道断绝，遂于于阗而反。

在整个佛教传播中，罽宾、于阗、龟兹三地最为重要，罽宾为佛教东传之源泉，于阗为汉译诸大乘经典之来源地，[25] 龟兹则在两晋之际东来传法僧最众。凉州也因其交通要道的地理位置及历史的原因，在佛教史上扮演了重要的角色。大量的史料及沿途众多的石窟遗迹都充分地说明了这一事实。

我国窟龛造像的发展过程是与佛教东传的路线相一致的。石窟开凿的先后次序依次为：首先是分布于今新疆喀什以东的塔里木盆地北延路线上的古龟兹区、古焉耆区、古高昌区的石窟初创于3—4世纪，[26]4—5世纪发展至河西地区，其中有西秦建弘元年（420）的题记，为国内窟龛有明确纪年的最早的一处。5—8世纪为全盛期，此时，除新疆地区、河西地区继续有石窟开凿外，淮河流域以北以及长城内外的广大地区有大量的石窟开凿。同时期，南方地区石窟造像极少，除建康摄山（即今江苏南京栖霞山）千佛岩以及浙江新昌宝相寺大佛（即剡溪石城山石佛）为最盛期的同时代造像外，6世纪四川广元一带也开始有石窟开凿。9—10世纪以后，中原北方的石窟开凿已渐趋衰落，11世纪以后愈见稀少。相反，四川地区自8世纪以后，开始有众多的石窟开凿，此举一直延续至12世纪。杭州西湖沿岸的窟龛开凿于10—14世纪，13世纪以后，汉梵并用的杭州飞来峰元代造像为元时仅有的较大规模的开凿。15—16世纪石窟开凿已寥若晨星，全国范围内则再无大规模的造像之举了。虽然13—14世纪开凿有内蒙古鄂托可其百眼窑石窟，15—16世纪开凿有平顺宝岩石石窟，但都已不成

---

[25] 梁启超：《佛学研究十八篇·佛教与西域》称："尤有一特色最当记者，则汉译诸大乘经典，殆无一不与于阗有因缘，若朱士行之得《放光般若》，支法领之得《华严》，昙无谶之得《大般涅槃》，其最著也。此类经典，其在于阗成立之痕迹且不少，据此种种资料，似大乘中一派——实相派之学说，实在于阗地方始成熟产出。"

[26] 1979—1981年据北京大学历史系考古教研室实验室碳14测定克孜尔石窟开凿于310±80—350±60年，宿白：《中国石窟寺研究·新疆拜城克孜尔石窟部分洞窟的类型与年代》，第35页。

图 2.13 涅槃经变，西千佛洞第 8 窟，西壁，北周涅槃图

图 2.14 北魏，麦积山 133 窟造像碑浮雕

规模。

就造像的内容与形式来看，新疆北线的石窟内绘有佛本身故事、佛传故事以及大量的涅槃题材，并曾安置有大型的涅槃像及立佛像。《大唐西域记》卷一载："屈支（即龟兹）国……大城西门外，路左右各有立佛像，高九十余尺。"

此与阿富汗巴米扬地区所盛行的造像形式与内容是相同的。据玄奘记载时巴米扬地区盛行小乘出世说部，也曾有一躯巨大的涅槃塑像。时龟兹地区则盛行小乘说一切有部，龟兹与巴米扬都延续了犍陀罗造像风格的因素，并经历了最初的发展阶段。这些特点在佛教的东传过程中，对后来的石窟造像产生了深远的影响。佛教从新疆东传首及河西地区，当时河西地区的政治、经济、文化中心即是凉州。此处因历代统治者世信佛教，弘扬大法，组织译场，遂使大量僧人聚集于此，其中著名者如龟兹高僧鸠摩罗什、罽宾高僧佛陀耶舍等，凉州僧人西去求法者，也多见于记载，如竺道曼之于龟兹，智严随法献西行，宝云曾抵弗楼沙国。同时"重禅定，多禅僧，是北凉佛教的另一特点……习禅多觅僻静之地，水边崖际开凿窟室更是禅行观影之佳处，所以，佛教石窟之兴多与禅僧有关"[27]。今天河西地区拥有的众多石窟遗迹充分地说明了这一点（河西地区主要的石窟群达十处之多）。在敦煌莫高窟、永靖炳灵寺石窟、天水麦积山石窟等石窟中，早期的形式与内容都能看到受新疆克孜尔石窟的影响，如敦煌莫高窟中的僧房窟、中心柱窟、平面方形窟也为克孜尔石窟所拥有的窟形。从壁画内容看，佛本身故事和佛传故事也是克孜尔石窟的延续，并且其绘制手法部分仍沿用了新疆地区常用的明暗晕染法，以表现形体的立体感，同时有些造型还带有新疆地区壁画造型的特点。炳灵寺第132窟；榆林窟第8窟（图2.13）、第9窟；麦积山第127窟、第135窟和133窟中都有佛涅槃的相关题材描绘与刻画（图2.14），也应是受到克孜尔石窟的影响。这些都能看出河西地区的石窟与新疆石窟的传承关系。

两晋之际，天下动荡，中原名士、高僧纷纷南迁，共入一流。此时南北无异，皆尚清谈之风，佛教依附名士之好，重义学，谈名理。但经东晋义熙十四年（417）赫连勃勃灭法，太平真君五年（444）北魏太武毁法，义学高僧及信众大量南徙，南北佛教乃行分途。南方继续重义理，尚玄谈，不重苦修，因此开凿窟龛之举甚为稀少，多为兴建佛寺巨构。北方至文成（453）复法，统治

---

27 宿白：《中国石窟寺研究·凉州石窟遗迹与"凉州模式"》，文物出版社，1996年，第39页。

者倡导德业，大开窟像，释氏则重个人解脱，致力禅修观想，和平初年（460），云冈石窟破土动工，北魏曾从北凉及其他被灭之地掠来大量的工匠，其中不乏僧人及"性机巧，颇能善刻"的艺人[28]，因此，其最先开凿的大像窟昙曜五窟，明显受到了克孜尔大像窟的影响。其早期造像则参照了炳灵寺、麦积山石窟中的西秦造像样式。云冈石窟在受到凉州石窟影响的同时，也创造出了许多新的造像样式，这些新的样式因平城作为政治、佛教中心的影响力，而及于各地。

自北魏太武之初，南北使节往还不断，加之自北南投之士络绎不绝，平城大规模开窟造像之事也随之传至建康、剡溪，遂启两地开凿窟像之举。北魏孝文帝拓跋宏太和七年（483）龙门石窟开建，太和十至十九年（486—495），孝文帝实施了服制改革，与之相呼应的是佛像中褒衣博带样式的出现。太和十八年（494），北魏迁都洛阳，其后洛阳逐渐成为北中国佛教的中心，其受南朝造像样式影响的褒衣博带、秀骨清像的造像样式形成了龙门的

图 2.15　北魏，龙门宾阳中洞主佛

图 2.16　北魏，巩县石窟第 1 窟中心柱主佛

图 2.17　北魏，麦积山 117 窟佛像

28　《魏书·释老志》载："凉州平，徙其国人于京邑，沙门佛事皆俱东。"如时习禅于麦积山的玄高和后来主持开凿云冈石窟的昙曜。《北史·艺术·蒋少游传》。

图2.18 北魏晚期,广元千佛崖,第7窟胁侍菩萨

图2.19 北魏太和十六年,佛坐像

图2.20 梁普通三年,佛坐像

新风尚（图2.15），同时也很快影响了整个中原地区，北至义县万佛堂石窟，东至益都、驼山石窟，西及河西地区，如麦积山石窟、敦煌莫高窟中都能看到这种风格影响（图2.16、图2.17）。四川广元地区在6世纪初也已开凿窟龛，其早期造像样式明显地受到了来自北朝前期——北魏式风格的影响，在样式上与麦积山石窟的许多北魏造像极为相似。最早的第七窟（图2.18），与麦积山（北朝第二期）的造像如出一辙。但近期在广元地区同时发现了北魏太和十六年（492）以及南朝梁武帝萧衍普通三年（522）的造像（图2.19、图2.20）[29]，两造像相差三十年。太和十六年的造像应为孝文帝已在实施服制改革中，但此件造像仍具有北魏早期造像样式的特点；普通三年的造像则与建康摄山石窟寺的造像十分相像，呈现出南朝造像的样式与气息，这充分说明了当时四川地区同时受到来自建康和北朝的造像样式的影响。同时也可说明，在中原南北对峙之时，通过蜀、秦之道，西北与蜀地进而与江左的交流仍然是畅通的。

至此，中原地区石窟格局基本已成，6—8世纪在各地虽陆续有大量石窟

---

29 浙江保利集团于2011年7月在杭州南宋官窑博物馆中展出了此两件造像，据展出方介绍，两件造像均出自四川广元。

的开凿，但都以历朝历代政治、经济、文化中心的首都所具有的样式为典范，形成了"北魏样式主要源于云冈，唐代样式主要源于龙门，北朝晚期（东魏、北齐、隋）样式主要源于河北、河南、山西三省交接地的天龙山、响堂山和安阳地区的诸石窟"[30]这一特点。

唐天宝十四年至广德元年（755—763），发生了"安史之乱"，致使藩镇割据，社会动荡，纷争不息，北方石窟也由盛转衰。玄宗避难于蜀，文人墨客，画家工匠，纷纷入川，引发四川、重庆开窟造像骤兴。[31]至中晚唐，武宗灭法，黄巢起事，北方再陷长期混战，石窟造像一蹶不振，更显凋敝，随着士人民众大量南迁，开窟造像之风渐盛于社会安宁、经济繁荣的长江流域和南方诸地，此时除了"以重庆大足和四川安岳为代表的石窟造像殊荣于寰中"外，[32]杭州也即在此时开始了凿山开窟、大事修庙建寺的活动。时吴越国定都杭州，开创人钱镠实行"保境安民"的国策，致使境内民生安定，市井繁荣，加之历代钱王以"信佛顺天"为宗旨，大力倡导佛教，优礼高僧，修缮、新建寺院不断。据《咸淳临安志》载，吴越国时，"九厢四壁，诸县境内，一王所建，已盈八十八所，合十四州悉数数之，不胜举目矣"。还开窟造像多处，自"梁开平四年（910）钱氏镌弥勒、观音、势至三佛于石上（在凤凰山圣果寺）"开始，至宋太平兴国三年（978），钱俶纳土归宋，六十多年间，凿石造像不断，现西湖南山地区的慈云岭、烟霞洞和玉皇山南麓都有许多的造像遗存，在飞来峰造像中也存有五龛十一尊。

"宋政权建立之后，一反前代北周的政策，给佛教以适当保护来加强国内统治的力量。"[33]其后北宋诸帝皆积极倡导佛教。"宋代一般佛教徒着重实践的倾向甚为显著，故禅净两宗最为流行……当时江浙禅寺极盛，各地巨刹

---

30 丁明夷《中国石窟雕塑全集》第6册《北方六省石窟雕塑综述》，重庆出版社，2001年。

31 刘长久：《四川、重庆石窟造像的历史发展》中说："盛唐自开元伊始到永泰元年这五十二年间，四川、重庆造像几乎未中断过，特别是开元和天宝年间，四川、重庆佛、道造像尤为兴盛。"《中国石窟雕塑全集》第6册，重庆出版社，2001年。

32 刘长久：《四川、重庆石窟造像的历史发展》，《中国石窟雕塑全集》第8卷，重庆出版社，2001年。

33 吕澂：《中国佛教源流略讲》，中华书局，1979年，第384页。

有五山十刹之称。"反映在造像上，即为多罗汉造像，现飞来峰中有十八罗汉三铺，其中青林洞中有两铺，中有一铺，六祖像玉乳洞中有一铺，小罗汉像青林洞中高低错落近百尊。迨至徽宗时，因其笃信道教，"即一度命令佛教和道教合流，这给予佛教很大的打击"。宋南迁临安后，"政策益加注意对佛教的限制，高宗时（1127—1162）即停止额外的度僧，图使僧数自然减少"[34]。并且大行"家庙化"，杭州地区许多著名的寺院被皇亲国戚、皇后妃子、臣僚以至内侍占用，成为私人的香火院、功德院、殡所，或改建成为御园，此举对杭州地区的佛教影响极大，也导致了杭州地区南宋造像极少。至今飞来峰石窟中未发现有明确纪年的南宋造像。至于冷泉溪南岸崖壁上的第68龛布袋弥勒造像，断代不一，一说为南宋造像；二说主像为南宋造像，背后十八罗汉为元代所造；三说均为元代造像。[35]

元朝诸帝的佛教信仰经历了13世纪最初的接触汉地的禅宗，到13世纪中叶开始转信藏传佛教的过程。蒙古人最初是在对西夏的征战中开始对藏传佛教有所接触并逐渐接受的。历史上的西夏是吐蕃通往内地的必经之路，在政治、经济和文化上都与吐蕃有着千丝万缕的联系，两地民众曾有多次较大规模的迁徙，杂糅以居，关系密切。因此宋人以为"大约党项吐蕃，风俗相类"[36]。"据《柱间史》和《贤者喜宴》等诸多藏文文献，吐蕃时期西夏人的早期先民党项人就开始接触并信奉藏传佛教。"[37]西夏时，更是大量吸收藏传佛教，同时也多次派人到宋朝取经学法，形成了汉、梵结合的佛教文化特点，在敦煌莫高窟和安西榆林窟等河西石窟中多有体现。蒙古人在进军西夏的过程中接触了西藏僧人及藏传佛教，西夏的僧官制度及佛教艺术也直接地影响了元朝初期的佛教文化，如国师、帝师制度即被吸收效仿。由于蒙古与吐蕃同为游牧民族，在宗教信仰的内涵上多有相像之处，再加上出于政治统治的需要，藏传佛教得到了

---

34 吕澂：《中国佛教源流略讲》，中华书局，1979年，第385页。

35 待后详述。

36 《宋史》卷六十四《宋琪传》。

37 熊文彬：《元代藏汉艺术交流》，河北教育出版社，2003年，第18页。

特别的尊崇。中统元年（1260）忽必烈在登基后不久"以梵僧八合思八为帝师，授以玉印，统释教"[38]。南宋归降后，出于对南宋故地统治的需要，随即任用了西夏僧人杨琏真伽[39]等三人为江南释教总摄，掌管江南佛教事务，并在南宋故都杭州兴塔建寺、开窟造像，弘传藏传佛教，把具有藏传佛教造像特点的梵式造像[40]与汉式造像相结合的佛教造像样式植入了杭州飞来峰石窟中，使之成为飞来峰造像中最显著的特点，并且其造像的数量、体量及规模都是元代仅有的，此后也再没有大规模的造像举动。

除了杭州飞来峰元代造像以外，敦煌莫高窟因其特殊的地理位置，笃信藏传密教的西夏人长期居住于此，13—14世纪由于蒙元上层的推崇，具有藏传密教风格的造像活动在此得以延续，现留有各个时期众多的相关壁画遗迹。其中第465、462、463及285龛皆为藏传密教风格的窟龛，第95、464龛为受藏传密教影响的传统密教洞窟。[41]除此之外，全国其他地区此时的开窟造像已很少，而且一般规模较小，四川龙多山有元泰定三年（1326）和致和元年（1328）少量受藏传佛教影响的造像存世。[42]同期开凿的还有内蒙古鄂托克旗百眼窑石窟、西藏拉萨药王山石窟。

---

38 《元史》卷四《世祖一》，中华书局，1976年，第68页。

39 陈高华先生在《略论杨琏真伽和杨暗普父子》一文中云："我认为，杨氏应是河西唐兀人。元代畏兀尔名诗人贯云石（1286—1324）在《道隆观记》中说'河西祝发杨永福总释江南僧政'，明言其为河西人。在元代，在涉及族属时，河西与唐兀是同义词。贯云石曾在杭州居留，活动年代又与杨琏真伽相近，他的说法是可信的。元朝灭亡以后，洪武三年（1370）危素与朱元璋谈论'宋元兴替'时提道：'夏人杨琏真伽为江南总释，……遂发诸陵，取其金宝。'危素曾为元朝史官，熟悉掌故，所说可与贯云石相印证。"

40 工布查布《造像量度经引》："其所谓梵式者，元世祖混一海宇之初，儞波罗国匠人阿尼哥善为西域梵像，从帝师巴思八来，奉敕修明堂针灸铜像，以工巧称。而其门人刘正奉以塑艺驰名天下，因特设梵像提举司，专董绘画佛像，及土木刻削之工，故其艺绝于古今，遂称为梵像，此则所谓梵式者也。"

41 宿白：《敦煌莫高窟密教遗迹札记》，《中国石窟寺研究》，文物出版社，1996年，第303—309页。

42 刘长久：《四川、重庆石窟造像的历史发展》，《中国石窟雕塑全集》第8卷，重庆出版社，1999年，第25页。

15—16世纪开凿的平顺宝岩寺石窟，已成全国造像活动的余音，并且石窟中已开始大量模仿地上寺庙的形制。宿白先生在《中国石窟寺考古》中说："石窟出现了水陆道场的连续浮雕，这里有的洞窟内外全部雕出了仿木结构，石窟模拟地上佛殿的做法，年代愈晚愈突出。"明代由于大量地面寺庙建筑的出现，石窟的许多功能皆由寺观得以承继，之后开窟造像的举动也就此销声匿迹。

　　综观中国窟龛造像的发展历程，大约在3世纪左右，随着佛教东渐，在我国新疆天山的南北，有了开窟造像之始，随着佛教传播的深入，渐次影响至河西及中原地区。时因北方佛教重禅修，南方则重义理，禅僧多寻窟室行禅，因此开凿石窟多在北方临水山崖间，南方则较少。5—8世纪，开窟造像达到了鼎盛，期间，南、北造像样式及内容多有往还，相互吸纳。但影响全国的仍是作为政治、文化中心的北方都城所盛行的样式及内容。唐宋之际，北方战乱不断，僧俗士人纷纷南徙避难，其时南方政治稳定、经济发达，遂使四川、杭州等地大兴开窟镌像之风。9—12世纪此地开窟造像不断，承继了北方的造像之盛。13世纪，因元廷崇信喇嘛教，在京城内外多建佛殿，更少开凿窟龛。南宋纳降后，出于统治之需，元僧官在杭州飞来峰再兴凿山镌像之举，因僧官皆为藏传佛教僧人，在造像样式上则采用了汉、梵并用的手法，造像的数量、体量、精细程度也都胜于同期的其他地区。之后在全国范围内则再无大规模的开窟造像行动，开窟之举渐趋凋敝。因此飞来峰元代造像成了中国窟龛造像史上最后的光亮。

第二节
密宗造像的发展过程
与飞来峰元代造像之关系

飞来峰元代造像最主要的特点即是汉梵并用，其中的梵式造像，即是表现藏传密教教义的造像。藏传密教于公元3世纪传入我国的陀罗尼密教，8世纪初传入我国的真言密教、瑜伽密教是中国密教三个不同时期的主要特征，并共同构成了中国密教发展的历史。其与印度密教的关系又是如何？密教在传入我国的同时，不同时期所遗存的密教造像又具有哪些特点？其发展的历程与飞来峰元代造像的关系又是如何？这些问题有必要略加梳理。

公元4世纪初，印度笈多王朝兴起。该王朝是印度历史上除孔雀王朝之外的另一个大一统的帝国，被誉为印度古典主义全面繁荣的时代，其哲学、宗教、艺术、文学、科学都有很大的发展。梵语文学的兴盛，二大史诗的撰成，促成了婆罗门教的复兴。此时，印度教在婆罗门教的基础上吸收了一些佛教的教义而形成，因其具有教义简明并与传统宗教相结合的特点，很快就拥有了广泛的信众。印度教的兴盛，使得佛教受到了威胁，那时的佛教，因其教义的深奥与繁缛而使信众日趋减少。为了改变这种状况，佛教中"部分重信仰，重加持，重修行（瑜伽）的，在如来果德的倾向中，摄取了印度教的群神与教义，印度教此时又转受佛教以影响，因而'秘密大乘'的特点，显著地表现出来，流行起来"[43]。公元5世纪末，笈多王朝衰落，之后小邦四起，佛教也因在与印度教名人北印度的鸠摩罗梨罗及南印度的商羯罗的辩论中败北而受到重创，以致大量道场被焚，比丘被迫改宗，俗间也多改信，至此，在内则派别分歧，外则

---

[43] 印顺：《印度佛教思想史》，浙江省佛教协会，第365页。

异宗逼迫形势下，南北印度佛法渐趋凋敝，之后仅流行于东西两隅。但因当时印度时常处于割据状态，偏安之局为时极久，佛法因此也能别开一番景象。

公元 7 世纪中，瞿波罗在印度东方的藩伽罗（现孟加拉地区）建立了波罗王朝，后渐扩至摩竭陀。王朝传承十八世，共历五百年，世代崇信佛法，"其尤竭诚护法创建寺院新兴事业者，凡有七世，通称之'波罗七代'。此七代中尤以达摩波罗王时（唐德宗时）为盛，王于那烂陀寺附近重建殿丹富多梨寺，又于其北建毗玖罗摩尸罗即超岩寺，道场百八，上座之数如之，规模宏远，遂夺那烂陀之席，蔚为最高学府；而教法迁移，主宏密乘，显宗各派降为附庸焉"[44]。此时密乘已经非常隆盛。

迨至公元 10 世纪后半，伊斯兰教徒占领了喀布尔并奠都于此，后渐侵印度内地，史传先后入侵多达十七次，所到之处，异教寺院、财物、僧徒皆受到严重的破坏和侵扰，波罗王朝末期及后期的斯那王朝，伊斯兰教入侵益深，渐及东印各地，欧丹富多梨寺及超行寺先后被毁，那烂陀寺也仅存七十人，"大师星散，多历尼泊尔、迦湿弥罗诸地入于西藏"[45]。公元 12 世纪末，佛教渐灭迹于印度本土。

"秘密大乘佛法"又是从哪里兴起的呢？"从公元 4 世纪末，到公元 9 世纪止，'秘密大乘'不断传出，传出的地点，不限于一地，主要是山林、溪谷，适宜于瑜伽者修行的地区。"传出的地区一为印度北方的乌仗那，即罽宾。《大唐西域记》卷三载：

乌仗那国……好学而不功，禁咒为艺业……并学大乘，寂定为业。善诵其文，未究深义。戒行清洁，特闲禁咒。

此地为大乘佛法盛行地区，但重禅定，诵经文，禁咒为其特长，是秘密瑜

---

44 吕澂：《西藏佛学原论》，大千出版社，2003 年，第 28 页。
45 同上，第 34 页。

伽行发展的适宜地区。同时印度南方也是"秘密佛法"传出不容忽视之地,"中国内地与西藏,都说到从南天竺的铁塔,得到了密法。铁塔……据近代考证,这是《大唐西域记》中,驮那羯磔迦国的西山——阿伐罗势罗寺的大塔"[46]。东印度是"秘密大乘"兴盛之地,密乘大师荟萃于此地,"后期大乘"的"般若""中观"也在东方特别盛行,在此益见发达"密乘"大法,又能与"般若""中观"相互贯通而深深结合。[47]

波罗时代的佛教艺术因其摄取了印度教的教义和密教化的嬗变,其中杂糅了许多的印度教的因素,呈现出神秘、繁缛的密教艺术特征,佛教造像也趋于印度教化和密教化,吸收了大量的印度教造像的元素,"出现了大量的宝冠佛像,多面多臂的观音菩萨,密教度母菩萨,般若波罗蜜多女神,猪头摩利支诸神等雕像"。[48]

东汉魏晋之际,密家杂咒随大乘佛法渐入我国,时值汉末世乱,又至五胡之祸,群国分崩,民遭涂炭,乱世民众常存侥幸之心,易信占卜之术,佛教也亦借方术传播民间。[49]西域咒术常被认作方术之一类常见于文献记载,如西晋怀帝永嘉四年(310)至洛阳的西域高僧佛图澄,《高僧传》中载其"善诵神咒,能役使鬼物"[50],并以咒术得到了石勒父子的崇信。另最早在江南传播咒术者,为在建康译出《孔雀王咒经》的帛尸梨蜜多,西晋永嘉年(307—313)入华,《高僧传》称:

蜜善持咒术,所向皆验。初江东未有咒法,蜜译出《孔雀王经》,明诸神咒,又授弟子觅历高声梵呗,传响于今。[51]

---

46 印顺:《印度佛教思想史》,浙江省佛教协会,第370页。

47 同上,第366页。

48 王镛:《印度美术史话》,人民美术出版社,2004年,第148页。

49 汤用彤:《汉魏两晋南北朝佛教史》,第129页。

50 [梁]慧皎撰:《高僧传·佛图澄》,汤用彤校注,中华书局,2004年,第345页。

51 [梁]慧皎撰:《高僧传·帛尸梨蜜》,汤用彤校注,中华书局,2004年,第29页。

图 2.21 唐，龙门东山万佛沟东侧北崖千手千眼观音窟

图 2.22 唐，大日如来，龙门东山擂鼓台南洞

三藏法师鸠摩罗什也译有《善信摩诃神咒经》二卷、《大金色孔雀王经》一卷。[52] 并有载其临终之日：

> 少觉四大不愈，乃口出三番神咒，令外国弟子诵之以自救，未及致力，转觉危殆，于是力疾与众僧告别。[53]

至此可见，陀罗尼密教及神咒西晋时已大行于南北。

初唐杂密，盛于高宗、武后、中宗时，此时除东来高僧如阇那崛多、达摩笈多等都译有密典以外，我国的著名高僧如玄奘、义净等也翻译了众多的密典。

---

52 《历代三宝记》卷八《前后二秦苻姚世录》。
53 ［梁］慧皎撰：《高僧传·鸠摩罗什》，汤用彤校注，中华书局，2004年，第45页。

图 2.23　初唐，十一面观音，敦煌第 321 窟，东壁北侧

密藏汉译既盛，与之相应的密教形象也开始流行起来。较完整的密教遗迹，于 1986 年前后被发现于洛阳龙门石窟，计共有六处：一为东山擂鼓台北洞大日如来窟；二为东山擂鼓台北洞北侧大日如来窟；三为东山万佛沟东侧北崖千手千眼观音窟（图 2.21）；四为上述千手千眼观音窟之西，高平郡王洞下方以东之千手观音像；五为在西山惠简洞上方，方形小洞南壁的十一面多臂观音像；六为擂鼓台南洞（图 2.22）。

另外，还有龙门西山莲花洞如意元年所刻之《佛顶尊胜陀罗尼经》和擂鼓台中洞武后时刻造的玄奘所译之《六门陀罗尼经》。这些都应与洛阳作为当时的译经重镇，聚集了众多的中外高僧，及武后久居洛阳，既崇佛道，又尚神异有关。[54] 另："莫高窟现存较明确的最早的密教形象，也出现在武周时期窟室

54　温玉成：《中国佛教与考古》，第 37 页。

图 2.24　唐，金刚手菩萨像 　　图 2.25　唐，降三世明王像 　　图 2.26　唐，马头明王像

图 2.27　唐，鎏金四天王盝顶银宝函，法门寺博物馆藏

图 2.28　南宋，柳本尊十练图，安岳毗卢洞 　　图 2.29　前、后蜀，千手观音，大足北山第 27 龛

的前壁，如第 321（图 2.23）、331 号两窟窟门北侧和第 330、340 号两窟窟门上方的十一面观音以及第 341 号库门上方坐佛两侧的八臂观音。"但是相比于龙门密宗造像的完备，莫高窟密教造像仅在窟室前壁布置密教形象。[55]

史家普遍认为系统完整的密教是由"开元三大士"，即善无畏、金刚智、不空先后来华后建立起来的。善无畏传授了被称为密教胎藏界的本经《大藏经》，金刚智传译了密教金刚界的本经《金刚顶经》，金刚智的弟子不空则翻度梵经众多，"凡一百二十余卷，七十七部"[56]，系统地汉译了密教经典，并出现了许多的念诵仪轨，致使密法大弘。史称这一时期的密教为纯密，唐代密宗造像也随之渐趋完备，此时的密教遗迹也屡有发现：1959 年在西安市唐安国寺遗址出土了不动明王等十件贴金敷彩的密教白石雕像（图 2.24—图 2.26），1976 年在河南荥阳县大海寺遗址出土的观音和天王石雕，1983 年在西安市西郊的一座中唐古墓中出土的手写经咒绢画，1986 年发掘的陕西扶风县法门寺塔地宫，地宫前后均作密坛布置，有护法天王，灌顶用法器等（图 2.27），被尊奉的佛指骨舍利即珍藏于曼荼罗纹样的金函之内。

在敦煌，也因大师不空曾于天宝十二、三年（753—754）至十五年五月在此弘密，引发了密教在敦煌地区的进一步传播，致使敦煌密教造像的繁荣，并持续了较长时间的发展趋势。之后的吐蕃占领敦煌时期，密教造像数量较前更有了很大的发展，但密教造像样式仍沿用唐式。这是因为公元 838 年吐蕃赞普达磨灭法，敦煌远处边陲，唐武宗会昌（845）灭法，莫高窟都未曾波及，并得以继续发展。

北方中原地区自武宗灭法、黄巢起事之后，佛教造像一度衰微，尽显颓势。而在同时，四川、重庆地区因社会安定、经济繁荣，又玄、僖二宗避蜀时，随行入川者有众多的文人艺匠及释家僧众，不空传人惠果之弟子，成都惟尚在受得二部阿阇梨灌顶后也返川弘密，加之四川地区初唐起即已有显密双修之特点，

---

[55] 宿白：《中国石窟寺研究·敦煌莫高窟密教遗迹札记》，文物出版社，1996 年，第 281 页。
[56] [宋]赞宁撰：《宋高僧传》卷一，中华书局，1987 年。

以及以柳本尊为代表的"川密"的崛起（图 2.28），都使得中晚唐时期四川、重庆佛教及密宗造像在全国范围内成一枝独秀之势，密宗造像在数量上大大超过了盛唐时期，造像题材有毗卢佛、药师三尊和药师变、地藏和地藏与十王、如意轮观音、千手千眼观音等（图 2.29）。[57]

中晚唐迄五代，敦煌因其所处地理位置及与长安、四川之交往频繁，密教造像仍有所发展，晚唐开始增加了密教经变——密严经变的新题材。[58]此后敦煌在曹氏统治时期，延续了发展趋势，新开和重装了许多的洞窟，以多种观音形象最为突出。五代宋初四川的佛教造像也更趋繁荣，其中多为密宗题材，密宗地藏及多臂观音的造像有所增多。与五代、北宋同时的辽，尤崇密教，多建《佛顶尊胜陀罗尼经》石幢和无垢净光塔。[59]

西藏佛教自赞普墀松德赞（742—797）延请莲花生大师入藏弘法，即以密乘咒法催服外道，护持佛法，在藏确立了其中观与密乘相结合的学说。然经藏王朝达玛841年灭法后，西藏佛教几近灭迹约达百年之久。迄十世纪末开始复兴，时印度伊斯兰教侵入益深，渐达东印度各地，佛教因此几乎灭迹于印度，此时西藏因与印度接壤的特殊地理位置，释教大师为避难徙来西藏者益多。同时藏王意希沃，热忱兴法，意欲革新，迎请了印度大德法护及其弟子，又遣二十一名年轻学子赴印修学，历经艰险，仅两人学成归来，回藏后广译密典，受戒传法，遂使密乘复兴。史家称这一时期为西藏佛教的后弘期。然而对于西藏佛教复兴的最重要贡献者，当为1037年应古格王朝绎曲沃尊之邀入藏的中印度著名高僧阿底峡（982—1054）尊者，其入藏后"努力宣扬显密贯通、观行并重之大乘学，藏传密典及中观论籍因之完译而臻于完备"。西藏佛学面貌为之一变。[60]藏传密教造像与其佛教传播相一致，在前弘期的吐蕃王朝，因其在时间上与印

---

57 刘长久：《四川、重庆石窟造像的历史发展》，《中国石窟雕塑全集》第8卷，重庆出版社，1999年，第16页。
58 宿白：《中国石窟寺研究·敦煌莫高窟密教遗迹札记》，第288页。
59 同上，第292页。
60 吕澂：《西藏佛学原论》，第43页。

图 2.30 8 世纪，金刚手菩萨像，克什米尔

度波罗王朝几乎同步，造像形式在吐蕃的中心地带以印度—尼泊尔风格为主，兼有汉民族的艺术特点。而在吐蕃占领时期的敦煌则是在几近全盘汉化的同时，亦有印度—尼泊尔风格的局部表现。[61] 在佛教的后弘期，具有克什米尔风格与波罗王朝风格。所谓克什米尔风格，是公元最初三百年，贵霜王朝时期，犍陀罗风格与波斯传统结合而成的斯瓦特风格影响下，形成于克什米尔地区的风格。所谓波罗风格，指印度波罗王朝时代的艺术样式，时间是 8 世纪中叶至 12 世纪末叶，[62] 克什米尔风格注重形体的立体表现，特点为圆浑简洁、线条凝练（图2.30）。波罗风格则以体态匀称、线条流畅为造像特征。

---

61 于小东：《藏传佛教绘画史》，江苏美术出版社，2006 年，第 43 页。
62 同上，第 55、77 页。

图 2.31　金刚界曼荼罗左下供养菩萨，榆林第 3 窟　　图 2.32　西夏，绿度母，艾尔米塔什博物馆

公元 10—13 世纪由东印度波罗风格、克什米尔风格、尼泊尔风格等多种风格结合而逐渐形成的一种造像样式逐渐成为藏传密教造像的主流，这种藏式的造像形式，在向外传播中形成了两条路径：其一是 9—12 世纪向东南方向传播至当时的南诏和大理地区；[63] 其二是 10—13 世纪的向东北方向通过与党项和西夏的密切交往，促进藏传佛教在此地的传播，并兴盛于安西境内。安西榆林窟第 3、29 窟等西夏晚期洞窟所出现的面部上宽下窄的藏式佛像，是此地现存最早的藏传密教造像（图 2.31）。在西夏黑水城出土的西夏唐卡中，即有大量的藏传佛教造像题材及样式，在与当地汉传造像样式的相互结合中，形成了其独特的造像风格（图 2.32）。并通过此后的元朝统治而流传于中原及全国各地。正如谢

---

[63] 谢继胜先生认为："由于藏传佛教本身并没有在南诏和此后的大理形成一种佛教的流派，除了一些密教图像遗存与吐蕃时期作品存在可能的图像学意义的联系之外，云南等地的藏传绘画与后弘期以后的西藏绘画之间目前还找不到直接的风格承继关系，但是确凿的文献和文物都表明川滇一带的密教遗存与藏传佛教的传人有直接的关系，将这些地区的带有藏密色彩的作品看作藏传绘画的一部分是毋庸置疑的。"

继胜先生所认为的:"藏传绘画在西夏的传播是西藏艺术真正意义上的东传……正是西夏人凭借他们对西藏艺术的高度虔诚将藏传美术与汉地中原艺术水乳交融地联系在一起,从而架起西藏进入中原的桥梁,拉开了元代汉藏艺术空前规模交流的序幕。"

公元 1227 年,蒙古军队攻陷了沙州,蒙古王室在攻占西夏的过程中,不仅接触到了在此弘法的西藏僧人,而且其中的一些僧人通过西夏来到了蒙古,在与蒙古王室的接触过程中,被受命开始在王室成员中传播藏传密法。1247 年,萨迦班智达(1182—1251)与阔端举行了会谈,达成了西藏归顺蒙古汗国的协议。公元 1260 年,忽必烈即位后,萨迦派第五世祖八思巴入朝为帝灌顶,随即被封授为国师,任命为释教总长,统管全国之佛教事务,藏密地位得到了极大的推崇,渐盛行于内地。至此中国佛教才真正二分为显教和密教,并且只有通达了显密二教,才被认为掌握了佛教的全部知识,元朝更有重密轻显的倾向。[64] 八思巴等历任帝师的到京,揭开了藏传佛教在宫廷和两都乃至全国的传播。大量的佛事活动、佛教寺庙的兴建使得藏传佛教的佛像、绘画、法器的制作及相关的制作工艺、制作材料传播至宫廷。八思巴的弟子尼泊尔人阿尼哥的入京更促使了"西天梵相"的兴盛。设专门的管理机构将作院,掌管诸路金玉人匠总管府,其下设有画局、大小雕木局等机构,工部下设诸色人匠总管府,掌管全国百工之技艺。辖梵像提举司,出蜡局提举司,铜、银、铁、玛瑙玉、石、木等事宜各机构。[65] 据史载,当时大都的佛事活动繁多,画塑密教造像的量更是庞大,如《元代画塑记》中仅仁宗皇帝皇庆二年八月十六日,大圣寿万安寺内,五间殿八角楼四座,令阿僧哥提调,塑造的大小佛像就有一百四十尊之多。塑像的材料以铸铜为主,多用失蜡法鍮石即黄铜浇铸,泥塑和木雕为辅。许多藏传佛教造像所特有的材料及技术也被广泛地运用于两京。《元代画塑记》中关于使用出蜡鍮石铸造佛像的记载已非常普遍,也有赤金、赤铜,和白银的使用,

---

64 吕建福:《中国密教史》,中国社会科学出版社,1995 年,第 644 页。
65 《元史》,中华书局出版发行,1976 年,卷八十八,志第三十五,工部,第 2143 页;志第三十八,百官四,将作院,第 2225 页。

还有西番水镀砑金粧等技术运用，藏传佛像所用材料西番粉、西番碌、酥油等也已被广泛地使用。在造像过程中，由于藏汉的造像题材、造像技术及造像材料的相互结合，"梵式"造像样式也被大量地塑造，这种造像样式缘于元朝统治的进一步深化及对藏密的推崇而广泛流传于全国各地。敦煌第462窟、463窟即属此类石窟，受藏传密教影响的还有第95窟、363窟、3窟等窟。在张掖马蹄寺北寺第7窟及上、下观音洞内也发现有受藏密影响的图像。[66]然而元代规模最大的窟龛造像遗迹当属杭州飞来峰元代造像。

至元十三年（1276）正月，元军攻陷南宋都城临安（今杭州），宋主纳降。元朝出于政治的需要，为了消除前宋遗留之影响，确保统治的稳固，即在杭州设立僧人管理机构，其中"江淮诸路释教都总统"杨琏真伽，在杭州造塔建寺、刻版印经，并在飞来峰大举镌造佛像。因其是河西唐兀人，又为八思巴弟子辈，因此引进了藏传佛教萨迦派所盛行的造像样式，在与杭州原有五代、宋之造像题材、样式的结合中，形成了"汉梵并用"的飞来峰元代造像特色。从遗存的元代造像题记来看，镌造时间在至元十九年到至元二十九年（1282—1292）的十年间，现存有六十八龛，大小造像一百一十余尊，其中二十四龛、四十七尊为梵式造像风格，六十二尊为汉式造像风格，还有一些是汉梵结合的样式。其中的梵式造像为元代最主要的密教造像遗存，"它具有明确的断代，可以弥补此期藏传佛教造像实物例证缺少的不足，可以作为图像学和断代的标尺"[67]。其开窟造像的成因、目的及其"汉梵并用"的造像手法，都值得进一步探究。

---

66 温玉成：《中国佛教与考古》，宗教文化出版社，2009年，第48页。

67 谢继胜、高贺福：《杭州飞来峰藏传石刻造像的风格渊源与历史文化价值》，《西藏研究》2003年第2期，第45页。

第三章

飞来峰元代造像的成因

第一节
元朝对江南特殊的统治政策与飞来峰元代造像之关系

至元十三年（1276），元兵直抵南宋都城临安，此时的南宋政府已无力抵抗，旋即持国玺降表至元军中请降，并应元军之命，诏谕未下州郡说："今根本已拔……诏书到日，其各归附。"[1] 其后，浙东诸郡相继归附，渐为元军所控。但是，浙东地区的抗元斗争并未就此结束，一直持续到至元二十六年（1289）间，仍多见记载。如至元二十五年到至元二十七年（1288—1290）间，处州路的詹老鹞、刘甲乙，温州路的林雄皆起兵反元；至元二十六年（1289），台州路（治今临海）宁海县人杨镇龙起兵反元等。[2]

除武装抵抗外，浙江地区的南宋遗民在对元的统治上还采取了许多不合作的举动，对抗情绪较为激烈。针对这一状况，元朝对江南的统治采取了两面性的政策。一方面是军事上的严密控制，重兵镇戍各地，并下令"括江南已附州郡军器"，禁止聚众作会。并推行四等人制，即将全国的民众分为蒙古、色目、汉人、南人四等，蒙古人居首，色目人次之（色目人包括唐兀人、畏兀人及随蒙军入内地的西域各族人），汉人又次之（汉人包括原金朝统治下的女真人、契丹人和汉人，云南、四川两省境内的各民族），南人为最劣等（南人包括除四川之外的原南宋故地的以汉族为主的民众）。四等人之间在权利和义务上有强烈的民族歧视，其不平等性体现在相关的政治和法律上，如：

---

1 《元史》卷九《世祖纪六》。
2 桂栖鹏、楼毅生等：《浙江通史·元代卷》，浙江人民出版社，2005年。

各级官署之长官，皆专与蒙古人，其次为色目人，而汉人不与。较高级之行政人员，亦多为蒙古或色目所专有。管辖军政与武器之官吏，亦专任蒙古人，色目人已极少，而汉人、南人则绝不与。入仕途径与官吏迁移之难易，亦四级迥乎不侔。刑罚方面，其司法机关与处分宽严之不同。武器限制之殊等。一般待遇之差异百出。[3]

同时却采取了一系列的措施来安抚民众，笼络贤士，消除对抗，试图新建稳定的统治次序。主要措施包括：第一，颁布诏书，安抚新附军民。元世祖忽必烈在至元十三年二月，元军刚占领临安后即"诏谕临安新附府州司县官吏士民军卒人等"。[4] 诏书内容涉及很广，诸如：告知宋主已降附，赦免宋时罪犯及抗元人员，清消拖欠，减轻征税，文物保护，搜贤纳士，赡给鳏寡等等。第二，整肃军纪，缓和对抗。忽必烈曾告诫元军主帅伯颜："曹彬不嗜杀人，一举而定江南。汝其今体朕心，古法彬事，毋使吾赤子横罹锋刃。"[5] 遂使攻打浙江之元军纪律较为严明，一定程度上缓和了与当地军民的矛盾。第三，选用降臣，搜贤访士。对宋地方降官采取了"宋故官纳诰敕，仍量授官"[6]的政策，并采取了一系列的奉"诏搜贤江南"的举措，改变了江南为官"所用皆北人而无南人，故不能诸悉各处利害"[7]的状况。第四，迅速建立管理控制体系，使得社会秩序渐趋稳定。[8]

由于元军在攻打南宋古都临安时，宋王朝已无力抵抗，旋即降附，并诏未下诸郡归降，随后，"浙东州郡相继归附，降者日众"。[9] 因此，浙江地区受战

3　蒙思明：《元代社会阶级制度》，上海人民出版社，1980年。
4　《元史》卷九《世祖纪六》。
5　元明善：《伯颜碑》，《清河集》卷三。
6　嘉靖《浙江通志》卷四三《人物志八·章铸传》。
7　陈高华：《元史研究新论》，上海社会科学院出版社，2005年，第206页，引《好人》，《雪楼集》卷十。
8　桂栖鹏、楼毅生等：《浙江通史·元代卷》，第117页。
9　[元]刘敏中撰：《平宋录》卷中。

争的破坏相对较小，经济也未受到很大的冲击。加之忽必烈随后推行的重农政策，"劝诱百姓，开垦田土，种植桑枣"，并告诫各级官员"不得擅兴不急之役，妨夺农时"。[10] 在一系列减税、鼓励垦荒政策的推动下，功效显著，大大促进了农业生产的发展，使浙江很快成了全国最富庶之地，每年岁入粮总计达全国三分之一强。[11] 经济的繁荣又促使了科技、教育、思想与学术的发展。在文学与艺术方面，由于元朝的大一统，南北交流的畅通，大批北方杂剧作家的南移；杭州南宋以来所形成的南北语言汇集；文学与艺术人才的聚集与相互交流；众多的瓦舍勾栏等"说话"场所，加之许多浙江文人因仕途无门，惟能潜心于文学与艺术创作等等，都直接促使了元杂剧和散曲在杭州的兴盛。

元朝疆域辽阔，在征服中大批的色目人随蒙军入居中国，因此在文化上表现出一个重要的特点，即多种文化的兼容并蓄。杭州作为当时浙江政治、经济及文化的中心，成为色目人最集中的地区之一，城中有专门的色目人居住区。同时在杭的还有当时称为景教的基督教徒、犹太教徒、摩尼教徒，多种宗教信仰共处一地，相安而居，这与元朝统治者对各种宗教采取"一视同仁，不分彼此"的政策不无关系。

在宗教信仰方面，蒙古族最早的信仰为带有原始巫术性质的萨满教，自然崇拜、图腾崇拜、鬼神与祖先崇拜、[12] 相信万物有灵都是其信仰的内容。多神崇拜使其对各种宗教信仰都能接受，[13] 并认为凡为宗教皆有劝人安分守己、修养身心、稳定社会、辅正教化的功能，允许一切人都享有宗教信仰的自由。皇室成员也呈现出信仰各异的特点，萨满教、基督教、伊斯兰教、佛教都有信仰者，[14] 成吉思汗在征服西辽之日即宣布"信仰自由"，并严令诸皇子："切

---

10 《元史》卷一九一《良吏传》。
11 据韩儒林主编的《元朝史》第351页载：元代每年岁入粮总计一千二百十一万四千七百八十石，而浙江一省就达四百四十九万四千七百八十三石，占三分之一。
12 乌兰察夫：《蒙古族原始宗教观念初探》与《蒙古族早期宗教和无神论思想萌芽》，转引自刘晓《元史研究》，第190页。
13 陈高华、张帆、刘晓：《元代文化史·元代的宗教政策及状况》，广东教育出版社，2009年，第170页。
14 任宜敏：《中国佛教史》，人民出版社，2005年，第3页云："皇室成员的宗教信仰也呈缤纷多

勿偏重任何宗教，应对各教之人待遇平等。"[15]

蒙古统治者最早在与道教全真教的交往的同时，也接触了中原汉地的禅宗僧人，其中特别推崇临济宗大德海云禅师，历代可汗对其优礼有加，定宗贵由及宪宗蒙哥即位后都曾颁诏，命海云禅师统领天下僧众，管理全国佛教事务。1242年，海云禅师又北觐忽必烈，为其开示受戒。自成吉思汗以后，历代蒙古君王对汉传佛教都采取了优礼的政策。

1252年，藏传佛教萨迦派僧人八思巴谒忽必烈于潜邸，由于蒙古与吐蕃彼此相近的内陆游牧文化，[16] 对藏传佛教中所持密咒法力的崇信，加之对于吐蕃地区统治的需要，遂使藏传佛教很快得到了蒙古统治者特别的尊崇。中统元年（1260）在世祖忽必烈即位时，八思巴被"尊为国师，授以玉印"，[17] 后又晋封为帝师。此后，历代元帝登基前都由帝师灌顶、受戒，成为元一代重要的礼仪。八思巴晋封为帝师后，在京城主持了一系列的佛事活动，其中有为帮助元军南下灭宋求得吉兆，遣弟子阿尼哥塑护法麻曷葛剌像，朝向南方，并命其弟子胆巴国师在此像前修法。

元朝统治者历来重视利用宗教来加强自己的统治，忽必烈更是采取了一系列的措施，既允许多种宗教并存，同时又有轻重厚薄之分，把藏传佛教放在各种宗教、教派之上，给予特殊的礼遇。在佛道之争中，则偏袒佛教，压制道教，对汉代原有佛教派别则采取重教轻禅的态度。

元朝特设置了管理全国佛教事务和西藏地区军事事务的宣政院，宣政院的前身为总制院，宣政院的派出机构则为行宣政院。据邓锐龄先生《掌释教　扬

彩之态：元太祖成吉思、太宗窝阔台、宪宗蒙哥三位可汗信萨满教，定宗贵由可汗和成吉思可汗次子察合台信基督教，成吉思可汗之孙别儿哥信伊斯兰教，另一孙子、元世祖忽必烈信奉佛教，太宗后脱列哥那、睿宗后唆鲁禾贴尼信基督教，世祖后察必信佛教，安西王阿难答（忽必烈之孙）及所部十余万人信伊斯兰教，如此等等。"

15 多桑：《多桑蒙古史》上册，冯承钧译，中华书局，1962年，第158页。

16 扎奇斯钦：《蒙古可汗们何时信仰了吐蕃的佛教》《13世纪蒙古君长与汉地佛道两教》《蒙古史论丛》下，台北学海出版社，1980年，转引自刘晓，《元史研究》，第194页。

17 《元史》卷二百二，《释老》。

密教　抑禅宗——元代杭州行宣政院》一文称：

文献记载，宣政院也如中书省、枢密院、御史台，可设分院或行院于外地，这种派出机构有两类：一设在西北西南宣政院所辖的藏族地区，带有军事镇抚使命者，始立于顺帝至元三年（1337），名"行宣政院"。更早于此，在文宗至顺元年（1331）平定云南东部动乱中，朝廷命宣政院配合枢密院调遣军队，遣使同往督率碉门安抚司兵防御，虽然未记行院之名，其性质则相同。此类机构大概随藏事而撤销；另一类设立在杭州，也名"行宣政院"，主管浙江佛教事务，始立于至元二十八年（1291），其后经数次撤销，又行恢复，讫于元亡，前后存在约六十三年，基本上是一所常设机构，形式上是中央宣政院的分支，实际上具有相当的权力，独立管理南人地区佛教事务，对于江南佛教的发展起了推动作用。

元灭宋后，元朝在浙江的佛教管理与弘传上，采取了一系列的措施，如即刻在杭州设置僧佛管理机构并派驻藏传佛教僧人，统领江南佛教事务。改宫为寺，压制道教，提升佛教特别是藏传佛教的地位，并利用藏传佛教的仪轨达到对南宋故地厌胜的作用。刻印经书，开窟造像，在弘传佛法的同时，为皇室信众及施主家人祈福。

在元代，藏传佛教受到了特别的尊崇，因"重教轻禅"的政策，禅宗受到一定的压制。但就当时的全国范围而言，流布最广的还是禅宗各派。江南的许多佛教刻经造像活动也是由汉藏僧伽共同协作来完成的。元代在江南刻造了至少有四部汉文大藏经，其中的一种《碛砂藏》始造于南宋，因战火经版严重损失，入元后重启刻造，并受到了官方支持。在《碛砂藏》的扉画上有"都功德主江淮诸路释教都总统永福大师杨琏真伽"[18]的字样。《碛砂藏》的另一位重要的

18　李际宁：《中国版本文化丛书·佛经版本》，江苏古籍出版社，2002年，第140页，转引自《元代文化史》，第627页。

施主是松江府僧录管主八，也曾多次施财募缘捐造了大量佛经。另一种《普宁藏》也在重刻的过程中，得到了新成立的江淮诸路释教都总统所的"准给文凭"，并由总统所"转呈檐八（胆巴）上师引觐，皇帝颁降圣旨护持宗门作出胜事"。[19]

至此可以看出，有元一代，虽朝廷对于藏传佛教尊崇有加，部分藏传佛教僧徒也因此怙势恣睢，为害不可胜言，但是在佛教信仰及传播上，不同宗派的僧人还是表现出对佛教教义共同的见地与意愿，使得汉传佛教不因朝廷所重而受到严重排挤和打压，相反，汉传佛教各派较南宋有长足的发展，此在飞来峰元代造像中的汉梵样式数量的对比上可见一斑。

---

19 《普宁藏》臣字函《普贤行愿品》卷尾道安题记，转引自《元代文化史》，第627页。

第二节
飞来峰元代造像的镌造动因及其隐藏的目的

杭州飞来峰元代造像现存六十八龛、一百一十余尊,有明确纪年题记的十二龛二十二尊,数量众多,体量较大,雕刻精细,从现存的题记可知元代造像开凿自至元十九年(1282)与至元二十九年(1292)间,其中汉式造像与密宗梵式造像相结合的手法是其最显著的特点。这一特点充分体现了元代的宗教政策和宗教信仰,同时政策的执行者和开窟造像的主持者也起到了至关重要的作用。

飞来峰第89龛元代造像正下方有一块至元二十六年(1289)由时住灵隐的净伏所述之《大元国杭州佛国山石像赞》题记(图3.1),其称:

大元国杭州佛国山石像赞,永福杨总统,江淮驰重望,旌灵鹫山中,向飞来峰上,凿破苍崖石,现出黄金像,佛名无量也无边,一切入瞻仰。树此功德幢,无能为此况。如此大施门,喜有大丞相,省府众名官,相继来称赏。其一佛二佛,突起模画样,花木四时春,可以作供养。猿鸟四时啼,可以作回向。日月无尽灯,云烟无尽藏。华雨而纷纷,国风而荡荡。愿祝圣明君,与佛寿无量。为法界众生,尽除烦恼障,我作如是说,此语即非妄。

从此题记中可知,元代飞来峰造像是由被称作永福大师的当时江南释教都总统杨琏真伽主持开凿的,其凿石造像的行为受到了许多高官的赞赏。从其他

图 3.1　至元二十六年（1289），飞来峰第 89 龛造像题记

的题记中也可知，功德主中除杨琏真伽外，还有如资政大夫行宣政院使杨[20]，荣禄大夫行宣政院使脱脱夫人，前淮安万户府管军杨思谅同妻及平江路僧判、杭州路僧录、潭州僧录、总统所等职位的官员及家人。从造像的题记中可以看出，其造像的目的大致有：一、祝延皇帝、皇室万安千秋；二、国泰民安；三、法轮常转；四、法界众生齐成佛道；五、祈求功德主自身及家眷延寿吉祥。但是如果把造像的举动与杨琏真伽在任期间的一系列的作为联系起来，可以清楚地看出飞来峰元代造像的深层意义是运用佛教造像的手段配合元朝的统治，镇

---

20 有两块题记为大元国功德主资政大夫行宣政院使杨，邓锐龄先生考为杨谨，高念华先生所称为杨琏真伽本人，但未见记载其曾出任过行宣政院使一职，在时间上，行宣政院的设立也在其失势之后。功德主资政大夫行宣政院使杨为何人，则不得而知，待后另述。

魇南宋故都，以防南宋再起，同时以此在江南弘传喇嘛教。

元朝在入临安后的次年（1277）二月，即成立了江淮诸路释教都总统所，其上属于总制院[21]，下有僧录司、僧正司等原宋各地方僧官机构，并"诏以僧亢吉祥、琏真伽、加瓦为江南总摄，掌释教"。将江南的佛教事务交给了三位喇嘛教僧人，其中琏真伽即为杨琏真伽，其职务为江淮诸路释教都总统，为三人中职务最显，据载这与其为帝师弟子辈，并与总制院使桑哥有财货之交结有关。[22] 他从至元十四年（1277）上任，至至元二十八年（1291）卸任，任职十数年，终因桑哥败露作为其党羽而被定罪，朝廷差官追究，查出了其大量的不法行为，"省、台诸臣乞正典刑以示天下"，但又因其在任期间之所为皆极力行使忽必烈的宗教政策，事发后并未被诛，而被忽必烈"贷之死"并"给还其人口、土田"。不仅如此，其子杨暗普仍被重用，出任了宣政院使。[23] 可见忽必烈曾对其倚重之深。

杨琏真伽在任十数年间，"怙势恣睢，日新月盛，气焰熏灼，延于四方，为害不可胜言"[24]。主要行迹有五：一、为发掘南宋诸帝陵寝及大臣冢墓，盗取珍宝，并在废址上建庙，利用宗教以达到镇压亡灵、防止南宋再起的目的。二、在宋故宫遗址上建造喇嘛寺庙及塔，施以镇厌并弘传喇嘛教。三、配合排道崇佛之举，抢占宫观道院，改观为寺。四、积极组织"江南禅教"至大都"庭辩"，在江南推行"重教轻禅"的政策。五、资助刻印经藏，开窟造像。

杨琏真伽到任之时，正是佛、道经历了宪宗五年（1255）、八年（1258）两次大的辩论后，结果都因元统治者的偏袒，以佛教的胜利而告终。至元十七年（1280）忽必烈更勒令"焚毁道藏伪妄经文及版"，[25] 并规定"三教里，释

---

21 《元史·宣政院》条载："至元初，立总制院，而领以国师，二十五年，因唐制吐蕃来朝见于宣政殿之故，更名宣政院。"

22 《元史·释老》。

23 宣政院使为宣政院长官，"秩从一品，掌释教僧徒及吐蕃之境而隶治之"，《元史·宣政院》。

24 《元史·释老》。

25 《元史·世祖纪》。

迦牟尼系当中央里安置,老君底、孔夫子底左右安置,有争议的寺院交给佛教"。[26] 杨琏真伽在职期间积极配合忽必烈崇佛压道的政策,排挤打压道教。张伯淳《大元至元辩伪录随函序》中说:"当是时也,江南释教都总统永福杨大师琏真伽大弘圣化,自至元二十二年(1285)春至二十四年(1287)春,凡三载,恢复佛寺三十余所。如四圣观者,奚啻七八百人,挂冠于上永福帝师殿之梁拱间",更有甚者"将各处宫观庙宇、学舍书院、民户房产、田土山林池荡及系官业产,十余年间尽为僧人等争夺占据"。如时为杭州著名太一宫、四圣观、龙翔宫,以及绍兴鸿禧观等"皆亡宋以前先贤名迹江山行胜之地,远者百年。一旦皆被僧人强行抵赖,或称先系寺基,或云僧人曾到,不经官府陈理,一旦使力,逐出业主,将应有财赋、钱粮等物据为己有。即得之后,不为修理爱护,拆毁圣像,喂养头疋,宰杀猪羊,恣行蹂践"。[27]

杨琏真伽的作为中最为历代所不齿的就是发掘南宋诸帝陵。《元史·释老》中称:

> 有杨琏真伽者,世祖用为江南释教总统,发掘故宋赵氏诸陵之在钱唐、绍兴者及其大臣塚墓凡一百一所;戕杀平民四人;受人献美女宝物无算;且攘夺盗取财物,计金一千七百两、银六千八百两、玉带九、玉器大小百一十有一、杂宝贝百五十有二、大珠五十两、钞一十一万六千二百锭、田一万三千亩;私庇平民不输公赋者二万三千户。他所藏匿未露者不论也。

并"以诸帝遗骨瘗于杭之故宫,筑浮屠其上以厌之"。[28] 南宋归降后,忽必烈对南宋故国君臣采取的是宽大保全的政策,"时加存恤,使之便安",[29]

---

26 蔡美彪:《元代白话碑集录·一二八〇年虚仙飞泉观碑》,转引自陈高华《略论杨琏真伽和杨暗普父子》。

27 《庙学典礼》卷3《郭签省咨复杨总摄元古学院产业》,王颋点校,浙江古籍出版社,1992年。

28 《明太祖实录》卷53,转引自陈高华《略论杨琏真伽和杨暗普父子》。

29 《元史·后妃传》。

但为何会对发掘南宋诸帝陵一事纵容呢？陈高华先生认为，这应与此举为藏传佛教仪轨中的厌胜之术有关，杨琏真伽欲以藏密法术来镇压南宋帝灵，以达到防止南宋再起，显示元朝权威的作用。同样，忽必烈在崇信藏传佛教的同时，对其法术也向来敬重。前引塑造麻曷葛剌像以为元军求得吉兆即是一例。

此外，在南宋故宫旧地上建造佛塔寺庙，也是为了对南宋故地施以镇厌，并在江南弘传藏传佛教。郭畀《客杭日记》记杨琏真伽在宋旧宫建塔之事载：

至大元年（1308）十月十八日……是日，游大般若寺。寺在凤凰山之左，即旧宫地也。地势高下，不可辨其处所。次观杨总统所建西番佛塔，突兀三十余丈，下以碑石凳之，有先朝进士题名，并故宫诸样花石，亦有镌刻龙凤者，皆乱砌在地。山峻风寒，不欲细看而下。次游万寿尊胜塔寺，亦杨其姓者所建，正殿佛皆西番形象，赤体侍立，虽用金装，无自然意。

《元史·申屠致远》中也有时任杭州总管府推官的申屠致远力拒杨琏真伽"欲取高宗所书九经石刻以筑基"的记载。这些都是其施行厌胜举动的实例。另外建塔兴寺，还具有弘传藏传佛教的作用。元朝之前，江南很少见有藏传佛教的踪迹，杨琏真伽作为藏传佛教帝师一系萨迦派僧人，上任后，即竭力倡导，大弘其法，在宋帝攒宫及故宫废墟上建造萨迦教派盛行之"其形如瓶"的"西番佛塔"，在寺庙中雕造藏密佛像，在飞来峰开窟造像，对藏传佛教在江南的流布更是起到了关键性的作用。

藏传佛教萨迦系僧人对雕镌佛像及其功用向来重视。达仓宗巴·班觉桑布所撰之《汉藏史集》上篇第二十三节《伯颜丞相的故事》中言：

此时（至元十一年，1174），（忽必烈）皇帝又对上师八思巴道：如今遣伯颜领兵攻打蛮子地方如何？上师回答说：彼足以胜任，我将为其设法求得吉兆。上师遣尼泊尔人阿尼哥，犹如幻化之工匠般，出力在巨州地方兴建一座神殿，内塑护法摩诃葛剌主从之像，由上师亲自为之开光。

图 3.2 元，麻曷葛剌像，杭州宝成寺

佛像开光后面向南方，并命胆巴国师在像前修法，以为元军求得吉兆。并称此术多有灵验，《佛祖历代通载》记有许多随祈灵异之事：

初，天兵南下，襄城居民祈真武，降笔云：有大黑神领兵西北方来，吾亦当避。于是列城望风款附，兵不血刃。至于破常州，多见黑神出入其家，民罔知故，实乃摩诃葛剌神也，此云大黑。盖师祖父七世事神甚谨，随祈而应，此助国之验也。己亥，师具以闻。有旨建神庙于涿之阳，结构横丽，神像威严，凡水旱蝗疫，民祈响应。

因此元皇室于京城内外的重要寺院内塑造了众多的麻曷葛剌像。如《元代画塑记·佛像》中记载：

仁宗皇帝皇庆二年，八月十六日，敕院使也纳，大圣寿万安寺内……西南北角楼马哈哥剌等一十五尊。

延祐七年四月十六日……于兴和路寺西南角楼内，塑马哈哥剌像及伴绕神圣……至治三年十二月三十日……延华阁下徽青亭门内，可塑带伴绕马哈哥剌佛像。

泰定三年三月二十日……大天源延圣寺，西南角楼马哈哥剌等佛一十五尊。

而且，此类麻曷葛剌像皆置于西南、西北角，以示大黑天神自西方而来，并且面向南方，以达到震慑南宋故地的作用。杭州吴山宝成寺也有元代"朝廷差来官"雕凿的"一堂"（图3.2），龛的左侧有至治二年（1322）的题记，文为：

朝廷差来官骠骑卫上将军左卫亲军都指挥使伯家奴，发心喜舍净财，庄严麻曷葛剌圣像一堂，祈福保佑宅门光显，禄位曾高，一切时中吉祥如意者。至治二年口月口日立石。

在杭州镌造此像，显然是因为麻曷葛剌像在攻打南宋时"随祈而应"而"神益以尊"，不只是一般的个人施财造像行为，乃为元朝官方所为。有对亡宋旧都施行镇厌而以其为国护赖的目的。同时起到弘扬藏传佛教、扩大其在江南的影响的作用。

综上所述，杨琏真伽是通过挖掘南宋皇陵，以及在其上及在宋故宫上建造塔庙来达到镇压宋帝灵、厌胜宋朝故地的目的。抢占道观宫室、重教轻禅则起到了打击排挤道教、压制禅宗、传播弘扬藏传佛教的作用。同时，厌胜之术与藏密弘传又相互交织，相互促进。在飞来峰开窟造像则具有两者兼济的效果。

第三节
飞来峰元代造像题记中的疑点及思考

飞来峰元代造像中有许多的汉、梵及八思巴文题记，这些题记成为飞来峰元代造像研究的重要依据，从中可以获悉如造像开凿的起止年代，造像功德主的姓名、封号、职位、相互之关系及施财造像的目的，并通过与元朝政治、宗教及官宦制度的联系印证，更可明晰飞来峰造像的真正意义所在及元朝对于南宋故地统治的策略。

飞来峰元代造像题记中，可识的有明确纪年的共十三处，涉及十三龛二十三尊造像，现按时间的先后排序列表如下：

序列	内容	龛号	功德主	造像目的	施造时间
1	毗卢遮那佛、文殊师利菩萨、普贤菩萨华严三圣坐像	第3龛	宣授杭州路僧录徐口口 潭州僧录李口口	端为祝延皇帝万安，四恩三有，齐登觉岸者。	至元十九年（1282）八月
2	如来立像	第39龛	功德主江淮诸路释教都总统所经历郭口口建。		至元二十四年（1287）岁次丁亥三月十五
3	布袋弥勒坐像	龙泓洞外第45与第52龛面溪悬崖	宣授江淮诸路释教都总统永福大师施财命工镌造佛像。	伏愿皇图巩固，帝道遐昌，佛日增辉，法轮常转。	至元二十五年戊子三月日镌口西夏僧冯口口广（后几字沥）
4	金刚萨埵菩萨坐像	第53龛	石僧录液沙里兼赞		至元二十五年八日建（1288）

（续表）

5	水月观音坐像	第92龛	总统所董口祥特发诚心施财	上答洪恩以祈福禄增崇，寿年绵远者	大元戊子（至元二十五年）（1288）三月吉日建
6	大元国杭州佛国山石像赞	第89龛	住灵隐虎岩净伏谨述，大都海云易庵子安书丹，武林钱永昌刊。	（以诗文记并赞杨琏真伽飞来峰造像之事）	至元二十六年（1289）重阳日
7	普贤菩萨一身	第62龛	平江路僧判口口麻斯诚心施财，命工镌造。	口口圣恩，以祈福禄，寿命绵远者。	至元庚寅二十七年（1290）五月初三日
8	阿弥陀佛、观音、势至西方三圣	第59龛	昭口大将军，前淮安万户府管军杨恩谅同妻朱氏，发心施财，命工镌造。	祝延皇帝圣寿万万岁者	至元二十口年月日丙午吉辰建
9	无量寿佛坐像	第57龛	僧永口施财镌造		至元二十八年（1291）
10	金刚手菩萨立像	第32龛	大元国功德主荣禄大夫行宣政院使脱脱夫人口氏，谨发诚心，愿舍净财，命工镌造	端为祝延圣寿万安，保佑院使大人福禄增荣，寿命延远，家眷安和，子孙昌龄。	至元二十九年（1292）闰六月口日建
11	多闻天王像	第75龛	大元国大功德主资政大夫行宣政院使杨，谨发诚心，捐舍净财，命工镌造。	端为祝延皇帝万岁，国泰民安，法轮常转，四恩口报，三有遍格法界众生，齐成佛道者。	至元壬辰二十九年（1292）七月仲秋吉日建
12	西方三圣阿弥陀佛、观世音菩萨、大势至菩萨坐像	第98龛	大元国功德主宣授江淮诸路释教都总统永福大师杨，谨发诚心，捐舍净财，命工镌造。	端为祝延皇帝圣寿万安，阔阔真妃寿龄绵远，甘木罗太子、帖木厄太子寿筭千秋，文武百官常居禄位，祈保自身世寿延长，福基永固，子孙昌盛，吉祥如意者。	至元壬辰二十九年（1292）七月仲秋吉日建
13	无量寿佛、文殊菩萨、救度佛母像三尊	第99龛	大元国功德主资政大夫行政宣政院使杨，谨发诚心，捐舍净财，命工镌造。	端为祝延圣寿万安，阔阔真妃寿龄绵远，甘木罗太子、帖木厄太子寿筭千秋，祈保自身世寿延长，福基永固，子孙昌盛，吉祥如意者。	至元壬辰二十九年（1292）七月仲秋吉日建

从题记中可知，飞来峰元代造像的开凿发轫于至元十九年（1282），讫于至元二十九年（1292），前后经历了十年，但飞来峰中还有许多题记已漫漶不清，无从辨识，因此具体的造像时间是否会更长，当有可能。从题记来看，开凿的时间主要集中在两个阶段，第一个阶段在至元二十五年左右，其中至元二十四年一块，至元二十五年三块，至元二十六年一块，至元二十七年一块，还有至元二十□年一块，据此可推测至元二十五年前后为飞来峰元代造像的繁荣时期。第二个阶段在至元二十九年，共有四块。此后则再无有纪年的题记，表明至元二十九年为飞来峰元代造像结束前最后的高潮。在对这段历史进行考量后，发现题记上所反映的这些现象，有许多方面是与同期的历史史实相吻合的，但也有一些疑点，在此略作论述。

至元二十五年，也正是作为造像主持人的江淮诸路释教都总统的杨琏真伽在杭任职满十年。杨琏真伽是在至元十四年（1277）二月，即元军入杭的第二年，被忽必烈诏以为江南总摄的。在这十年中，其作为元帝国在其行省所设的释教僧务管理机构的首领，充分地执行了忽必烈的宗教政策，主要作为有：至元十四年开始，护念杭州余杭县南山普宁寺雕版刊造《普宁藏》，并"准给文凭，传呈檐巴上师引觐，皇帝颁降圣旨，护持宗门作成胜事"。[30] 至元二十年（1283）前，已开始在宋故宫旧址上筑基建庙；[31] 至元二十一年（1284），《元史》卷十三《世祖十》载：九月丙申，以江南总摄杨琏真伽发宋陵冢所收金银

---

30 《普宁藏》之《大方广佛华严经入不可思议境界普贤菩萨行愿品》卷尾有道安（号慧照大师，《普宁藏》经版雕造的发起者与主持者）作于至元十六年（1279）的题记，文曰："又蒙江淮诸路释教都总摄所护念，准给文凭，转呈檐巴上师引觐，皇帝颁降圣旨，护持宗门作成胜事……仍赞大元帝师、大元国师、檐巴上师、江淮诸路释教都总摄扶宗弘教大师、江淮诸路释教都总摄永福大师，大阐宗乘，同增福算……宣授浙西道杭州等路白云宗僧录、南山普宁寺住持传三乘教九世孙慧照大师沙门道安谨题。时至元十六年己卯十二月吉日拜书。转引自赖天兵《关于元代设于江淮、浙江的释教都总统所》，《世界宗教研究》2010年第1期，第56页。

31 《元史》卷一百七十，"申屠致远"，第3988页，载："（至元二十年前）西僧杨琏真伽，作浮图于宋故宫，欲取高宗所书九经石刻以筑基，致远力拒之，乃止。"

宝器修天衣寺。至元二十二年春至至元二十四年春,强占道观为寺三十余所。[32]至元二十五年(1288)二月丁巳,在宋故宫上建成塔一、寺五。[33]同年又积极召集江南禅、教到大都庭辩。从以上记载可知,杨琏真伽在任的前十年,可谓不遗余力地贯彻执行了忽必烈对宋故地的宗教政策及统治。此时,杨琏真伽通过多种手段"攘夺盗取"了大量的财物,并借着与朝廷高官的关系,成了江南显赫的人物,在时住灵隐虎岩的净伏谨述的《大元国杭州佛国山石像赞》中有题记:"树此功德幢,无能为此况。入此大施门,喜有大丞相。省府众名官,相继来称赞。"可知飞来峰造像一事,引起了当时从朝廷到地方许多要员的关注,飞来峰造像也因此达到了高潮。

从题记中可以看出,还有一个造像集中的时间是在至元二十九年。飞来峰有这一年的题记四处,功德主分别为:一处是大元国功德主荣禄大夫行宣政院使脱脱夫人口氏;两处是大元国功德主资政大夫行政宣政院使杨;另有一处是大元国功德主宣授江淮诸路释教都总统永福大师杨。此应为杨琏真伽本人无疑。但杨琏真伽此时已因其为桑哥同党,而事发正被追究在案。

《元史·本纪第十三世祖十》中载,到了至元二十八年(1291)正月"尚书省臣桑哥等以罪罢",二月被籍没家赀。五月戊戌,"遣脱脱、塔剌海、忽辛三人追究僧官江淮总摄杨琏真伽等盗用官物",此后杨琏真伽应不在其位上。同年十月,杨琏真伽等又被"遣诣京师",离开了杭州。十一月,"监察御史言:沙不丁、纳速剌丁灭里、乌马儿、王巨济、琏真伽、沙的、教化的皆桑哥党与,受赇肆虐,使江淮之民愁怨载路,今或系狱,或释之。此臣下所未能喻"。帝曰:"桑哥已诛,纳速剌丁灭里在狱,唯沙不丁朕故释之耳。"据此,桑哥党羽中此时唯一被释的应只有沙不丁。至元二十九年(1292)三月壬戌,"给还杨琏真伽土田、人口之隶僧坊者"。并列举了其种种罪行后称"省台诸臣乞正典刑以示天下,帝犹贷之死,而给还其人口、土田"。依此可知杨琏真伽的罪

---

32 [元]张伯淳:《大元至元辩伪录随函序》,《大正藏》卷52,第751页,前已引。
33 《元史》卷十三《世祖十》,第309页。

行已被昭示，罪证确凿，民愤极大，本应施之于典刑，但帝忽必烈仍免其一死，已在情理之外，但如要官复原职似无可能。这一点在另一条史料中也可得到印证：《元史·本纪第十三世祖十》又载，至元三十年"二月己丑，从阿老瓦丁、燕公南之请，以杨琏真伽子宣政院使暗普为江浙行省左丞"。但只历经三个月，到五月丙寅，又"以江南民怨杨琏真伽，罢其子江浙行省左丞安普"。其子尚且因江南民众怨愤杨琏真伽之不法行径，在任仅有三月而不得不被罢，更何况杨琏真伽本人呢？因此杨琏真伽应无再次任职。[34]

这里如与飞来峰至元二十九年的四处题记再次联系，即会发现一些疑点：问题一，杨琏真伽于至元二十八年五月已被追查而离职并遣送去了大都，后虽在至元二十九年三月被忽必烈免于一死，但无复原职的可能，为何此处仍有至元二十九年的以其职位与封号的题记呢？问题二，行宣政院是在杨琏真伽被追查后的至元二十八年九月成立的，九月"丙午，立行宣政院，治杭州"[35]，因此，行宣政院的成立应在桑哥失足杨琏真伽被连夺权后，元廷欲以一俗人机构与原僧人机构共同管理江南僧务而立，[36] 显然与杨琏真伽的发案有关。《至正金陵新志》卷六《官守志》中载：

行宣政院，从二品衙门。管理江南诸省地面僧寺功德词讼等事……至元二十八年于建康水西门赏心亭上开设，系托托大卿为头院使，三十年遣院杭州。

因此二十九年题记中的大元国功德主荣禄大夫行宣政院使脱脱夫人口氏，即为头院使托托（脱脱）之夫人，题记时间也说明了行宣政院在成立不到一年

---

34 熊文彬先生在《元代藏汉艺术交流》中据至元二十九年杨琏真伽题记认为此时杨琏真伽仍在任；赖天兵先生在《关于元代设于江淮、江浙的释教都总统所》中据至元二十九年杨琏真伽题记则认为此时杨琏真伽又官复原职。

35 《元史》·卷十六《本纪第十六世祖十三》，第350页。

36 "江淮诸路释教总统所"直到大德三年（1299）五月，朝廷接受了沙罗巴精简僧司的建议后才被罢免。《元史》卷二十。

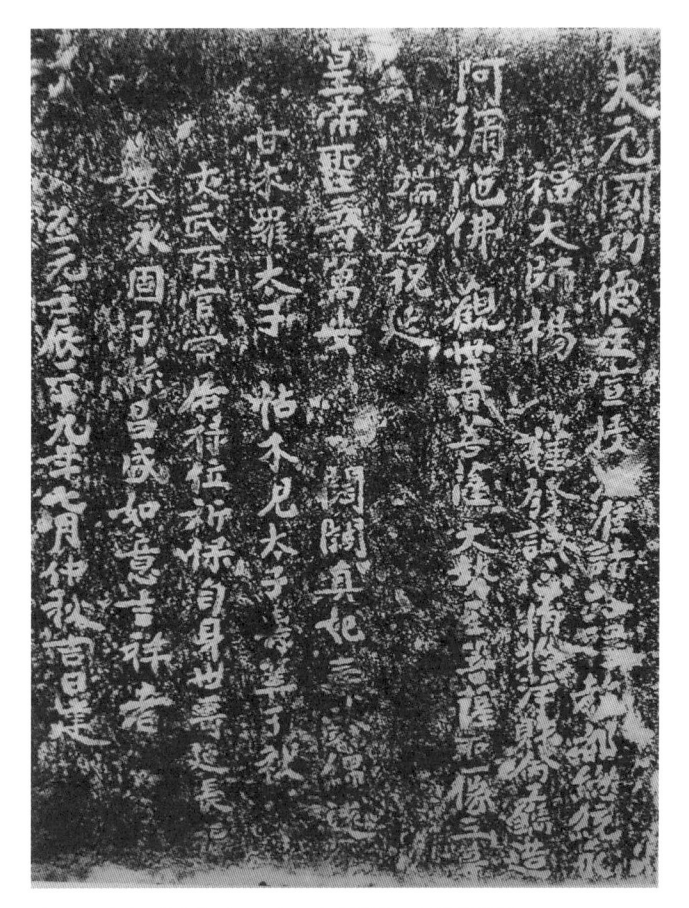

图 3.3　至元二十九年（1292），飞来峰第 98 龛造像题记

后可能已迁至杭州，这可与记载相印证。但另外两处二十九年的题记为大元国功德主资政大夫行政宣政院使杨，则又是何人（图 3.3）？记载中行宣政院初立之时似未有杨姓的行政宣政院使。邓锐龄先生考为杨谨，笔者以为有误，因"谨"字在多块题记中的人名后都有，应识为"谨发诚心，捐舍净财，命工镌造"，而不应是人名。但此处之杨姓行宣政院使，也更不应是如高念华先生所称为杨琏真伽本人，因未见记载其曾出任过行宣政院使一职，在时间上，行宣政院的设立也在其失势之后。只是功德主资政大夫行宣政院使杨为何人，则不得而知。但从题记的行文格式与内容与杨琏真伽题记几乎相同，而且题记时间

也完全一致来看，此杨姓行宣政院使似应与杨琏真伽有直接的关系，是否有可能即为杨琏真伽之子杨暗普呢？但记载中并未有提及其曾出任过此职，只有至元三十年二月其以宣政院使出任江浙行省左丞的记载。但宣政院使，"秩从一品"[37]，江浙行省左丞，"正二品"，[38] 杨暗普从宣政院使秩从一品要员来做江浙行省左丞正二品官，应已降级，为何还需要有"阿老瓦丁、燕公南之请"后才能被任命呢？但是如果杨暗普此时不是"宣政院使"，而是"行宣政院使""从二品衙门"，经人举荐，出任江浙行省左丞正二品一职，则合情合理。

史载因行宣政院品秩低于江浙等处行中书省、江南诸道行御史台（省台皆秩从一品），"凡行宣政院与行省间有了相关公事，由行宣政院备咨（中央）宣政院，由宣政院传呈中书省、中书省移咨有关行省"。行宣政院在与省、台协作办事时，往往手续周折，多有不便，邓锐龄先生著文认为"所以从大德元年（1297）以后行宣政院使元廷多以江南行台御史大夫迁任或江浙行省丞相兼任，一方面体现国家重视这一衙门，同时也为了它工作运转方便"。如脱欢，哈喇哈孙之子，《元史》一百三十六载："进御史大夫，行台江南。寻拜平章，行省江浙进左丞相，兼领行宣政院。"朵儿只，木华黎六世孙，脱脱子也，《元史》卷一百三十九载："至正四年（1344）迁江浙行省左丞相。"宋濂《故文明海慧法师塔铭》云左丞相朵儿只继高纳麟领行政院事[39]。达识帖睦迩，《元史》卷一百四十有载：至正十五年（1355）"出为江浙行省左丞相，寻兼知行枢密院事"。《元史》卷四十五《顺帝八》称："八月庚戌，诏江浙行省左丞相达识帖睦迩加太尉兼知江浙行枢密院事，提调行宣政院事，便宜行事。"

就此推测，很有可能《元史》中所云至元三十年杨暗普以宣政院使出任江浙行省左丞之记载，应是杨暗普时在行宣政院使职上，经由阿老瓦丁、燕公南举荐，忽必烈任命其为江浙行省左丞一职，品秩虽为平级，但实际权限有所扩大。造成此记载有误的原因应是杨暗普离开江浙左丞一职后，确实担任了宣政

---

37 《元史·宣政院》，第2193页。
38 《元史》卷九十一《百官七》，第2305页。
39 《宋文宪公全集》卷一一，转引自邓锐龄文，第410页。

院主管宣政院使的要职。陈高华先生考杨暗普"至迟在至元三十年（1293）已任宣政院的长官，主掌佛教事务，直到延祐元年（1314），仍任此职，先后延续达二十年以上"。如果至元三十年其任宣政院使记载有误，那么最早的其已任宣政院使的记载为至大四年（1311），到延祐元年（1314）还在任上，不应有二十年以上的任期，笔者以为这也是现存记载较少的原因之一。如果此推论正确，飞来峰至元二十九年题记的解释则迎刃而解，两处大元国功德主资政大夫行政宣政院使杨的题记即为杨琏真伽之子杨暗普。至元二十八年五月，杨琏真伽因罪去职，离杭赴京，九月，行宣政院成立，杨暗普与脱脱等[40]一起为行宣政院使，并于至元二十九年至至元三十年间迁往杭州。在任上，他继续其父的飞来峰造像活动，形成了飞来峰造像史上与至元二十五年相当的第二个高潮。同时，在他的庇护下，留下了此时本不可能有的杨琏真伽原有职位及名号的题记，而且两龛比邻而造，题记的文字、内容及开窟造像的时间都几乎完全一致，俨然出自一人之手。并且似为了遮人耳目，在落款上也只用"杨"姓，这也是元代造像题记中仅有的只有姓氏的题记。至元三十年，杨暗普经过了短暂的三个月江浙行省左丞的任期后，因江南民怨而被罢，也有可能行宣政院使一职也同时被罢，因此，飞来峰造像自至元二十九年后再无造像的题记可寻，由官方主持的飞来峰元代造像也应该就此完全结束了。

从对造像题记中的疑点分析后可以得出：飞来峰元代造像是在杨琏真伽的发起、组织下由江淮诸路释教都总统所及其下各地方僧官等共同出资镌造的，并于至元十九年左右开始，到至元二十五年，达到了第一个高潮，但随着至元二十八年，杨琏真伽作为桑哥党羽被查，后又遣送至京，飞来峰元代造像本应就此停止。但至元二十八年九月，元廷在建康开设了行宣政院，其中杨琏真伽之子杨暗普可能即为多位行宣政院使之一，并随着行宣政院于至元二十九年迁至杭州，子承父业，继续飞来峰的造像活动，并使之达到了第二个高潮，也使

---

40 据邓锐龄先生考《庙学典礼》卷四"三教约会"条均记至元三十年正月脱脱、叉木等行宣政院官人云云，知脱脱之外，行宣政院使还应有叉木。

得造像中出现了此时原不该有的带有官衔的杨琏真伽题记。但因江南民怨杨琏真伽之罪，杨暗普在至元三十年被举荐为江浙行省左丞仅三个月后即被罢免，很可能行宣政院使一职也因此不任，飞来峰造像就此停止。如果以上推理成立，飞来峰元代造像当由杨家两代共同致力镌造而成，形成了两次造像的高潮，并随着其仕途的变迁而起落，最终形成了今天飞来峰造像的样貌。

第四章

飞来峰元代造像的题材及来源

第一节
五代、宋杭州地区的造像题材
与飞来峰元代造像题材之关系

　　五代时期，杭州为吴越国都，名西府或西都，历代钱王实行"保境安民"的政策，"信佛顺天"大力提倡佛教，修寺建塔，众僧云集，梵呗之声不绝于耳。据《咸淳临安志》载，吴越国时，"九厢四壁，诸县境内，一王所建，已盈八十八所，合十四州悉数数之，不胜举目矣"。"寺塔之建，吴越武肃（钱镠）九倍于国"，[1] 当时除重建灵隐寺，改建天竺五百罗汉院，扩建中天竺寺，还新建了大批的寺院，"其中著名的有九溪的理安寺、赤山埠的六通寺、南高峰的荣国寺、紫阳山的宝成寺、月轮山的开化寺以及海会寺、灵峰寺、云栖寺、玛瑙寺、清莲寺等，同时还建造了一批佛塔。现在杭城有名的六和塔、保俶塔、白塔以及已倒塌的雷峰塔均为吴越所建，现存的梵天寺、灵隐寺经幢也系吴越遗物"。[2] 并且在西湖四周的一些群山寺庙中的摩崖及相邻的洞窟中镌刻了为数众多的造像。现存造像从东南至北依次为：一、位于吴山的紫阳山东南，五代吴越王钱元瓘（928—988）创建的仁王讲寺，内有西方三圣及迦叶、阿难等像；二、位于凤凰山苕帚湾山坞的圣果寺，内有雕凿于五代后梁开平四年（910）的西方三圣及十六罗汉像；三、位于凤凰山右翼的将台山和玉皇山之间，慈云岭南坡中腹之石壁间的造像（图4.1），吴越国王钱弘俶于五代后晋天福七年（942）在此建资贤寺，造像当为同时所镌，[3] 主龛有西方三圣及左右菩萨金刚共七尊，

---

[1] 朱彝尊：《曝书亭集》，转引自高念华《飞来峰造像》，文物出版社，2002年。

[2] 冷晓：《杭州佛教史》，杭州市佛教协会出版，1993年，第9页。

[3] 《咸淳临安志》（卷八十三）载："上石龙永寿寺，在慈云岭下，天福七年吴越王建，旧名资贤，大中祥符元年改今额。"

图 4.1　五代吴越，杭州慈云岭造像

图 4.2　五代吴越，杭州天龙寺造像

图 4.3　五代吴越，杭州烟霞洞造像

龛内上部刻有飞天、伽陵嫔伽浮雕，龛楣上刻有七佛、文殊骑狮、普贤骑象浮雕。主龛北侧另有一龛，内有地藏像，左右为供养人，龛上自左至右云气翻滚，云间雕凿出"六道轮回"的浮雕，从左至右，依次为：天、人、阿修罗、地狱、饿鬼、畜生。四、慈云岭的西南坡，天龙寺后山的崖壁间，由吴越王钱弘俶于北宋乾德三年（965）建寺时所龛造（图4.2）。天龙寺现有东、中、西三龛共十一尊造像，东龛为水月观音，中龛为主尊弥勒像，左右无著和世亲，最两侧法华林和大妙相，最外为金刚力士。龛楣上两侧有飞天浮雕，西龛为单尊无量寿佛。五、南高峰下满觉陇石屋岭南麓的大仁禅寺，是由吴越国王钱弘俶于宋开宝七年（974）所建，此中原有西方三圣一铺，释迦如来及左右二弟子、二菩萨、二金刚七尊一铺，罗汉五百一十六尊，从题记可知，刻于五代后晋开运元年（944），惜今已毁殆尽；六、位于翁家山南部山腰的天然洞窟烟霞洞内，五代后周广顺三年（953）吴越国王曾在此建寺，并在烟霞洞中雕凿了十六罗汉（图 4.3）。[4] 现将杭州地区南山及飞来峰五代及宋造像题材罗列如下：

地点	造像内容
天龙禅寺	1.西龛无量寿佛（阿弥陀佛）2.东龛为水月观音 3.弥勒等一铺七尊
胜果寺	1.西方三圣（阿弥陀佛、观音、大势至）2.十八罗汉
大佛寺	1.弥勒佛
栖霞寺（紫云洞）	1.西方三圣（阿弥陀佛、观音、大势至）
大仁寺（石屋洞）	1.西方三圣（阿弥陀佛、观音、大势至）2.弥勒等一铺七尊 3.罗汉五百一十六尊
清修寺（烟霞洞）	1.柳枝观音、数念珠观音 2.十六罗汉 3.地藏像 4.布袋和尚
仁王讲寺（石佛院）	1.西方三圣（阿弥陀佛、观音、大势至）2.迦叶、阿难及行修二像
慈云岭	1.西方三圣（阿弥陀佛、观音、大势至）及左右菩萨金刚共七尊 2.上刻文殊骑狮、普贤骑象及飞天等
飞来峰	一、后周：1.西方三圣（阿弥陀佛、观音、大势至）共五铺 2.阿弥陀佛 3.观音； 二、北宋：1.观音 2.卢舍那佛、文殊、普贤、天王四尊等 3.十八罗汉 4.小罗汉 5.六祖像 6.唐玄奘取经、朱士行取经、白马驮经中之摄摩腾和竺法兰

从上表中可以看出杭州五代及宋时盛行镌造西方三圣，这应与此时净土宗之信仰盛于杭州并为士人及庶民所热衷有很大的关系。因净土宗宣称只要口颂阿弥陀佛名号，死后皆由其接引往生阿弥陀佛西方净土，永享极乐。由于其比禅宗具有更简便的修行方式，因此在"会昌法难"之后，能够迅速地得到恢复，并成为禅宗各派教徒共同的信仰。事实上，此时的净土宗已不再是一个单独的

---

[4] 以上六处五代造像与飞来峰五代造像相比具有体量较大、雕凿得更为精细的特点。这应与吴越国时凤凰山东麓为王宫所在地有关。吴越国钱王所镌造的佛像皆距王宫较近，而且如前所述石龛造像外皆建有寺庙，而比邻飞来峰的灵隐寺，虽经吴越国时重建，扩大了规模，香客云集，但毕竟远离吴越国王宫，从造像题记可知，多为百姓及下吏在此施财造像。因此造像体量较小（如位于凤凰山右翼的将台山和玉皇山之间，慈云岭南坡中腹之石壁间的阿弥陀佛造像通高有 3.5 米左右，飞来峰五代之阿弥陀佛造像皆在半米以下），雕刻也不够精细，但造像的题材多有相同之处，造像的样式则几近一致。

宗派，净土宗信仰已成了天下之共宗。"例如天台名僧知礼曾'结社万人''心心系念，日月要期''誓取往生'。禅宗法眼门人延寿，奉诏住杭州时，每天日暮皆要'念佛'，志磐作《佛祖统记》的《净土教志》时，宋代七十五人被列入了《往生高僧传》，其中各派高僧皆有，禅净合一、台净合一蔚然成风。"[5]至元年间，飞来峰造像虽由藏传佛教萨迦系僧人主持，但主要内容还是沿袭了宋时杭州地区的净土宗信仰，现将飞来峰元代同类题材的造像及龛号列表如下：

部属	题材	样式	龛号
佛部	无量寿佛 阿弥陀佛	汉式：单龛 　　　双龛（胁侍为观世音、大势王） 梵式：单龛 　　　双龛（胁侍为文殊、救度佛母）	57、58、60、74、97、59、98 89、77、94、29、64、81、99
	弥勒佛	汉式	42、45（布袋）、68（主尊）
	毗卢遮那佛	汉式（胁侍：文殊、普贤）	3
菩萨部	观音	汉式：水月观音（95 双龛胁侍韦天将军、善财童子） 　　　数珠手观音 　　　杨枝观音 　　　圣观音 梵式：四臂观音 　　　狮吼观音	22、54（男式）、95、92 44、50 33 86、63 40、65、93 78
	文殊	梵式	56、67（受汉影响） 99（作无量寿佛的胁侍）
	普贤	汉式	62
罗汉	十八罗汉	汉式	68

至此我们可以看出，飞来峰元代造像中虽加入了许多的藏密题材，但仍遵从本地的净土宗信仰这一特点，无量寿佛（阿弥陀佛）题材的造像就有十四龛之多，其他如宋之前业已流行的观音题材也有十三龛镌造。其中同一题材中汉传样式和梵像样式皆有，说明显密在此题材上有共同的信仰与传弘。

飞来峰造像中最大、最有特点及最引人注目的当为第 68 龛布袋和尚及周围拱绕的十八罗汉造像（图 4.4）。此龛造像之断代，历来说法不一，一般定

---

[5] 沈冬梅、范立舟：《浙江通史》第 5 卷《宋代卷》，浙江人民出版社，2005 年，第 310—311 页。

第四章　飞来峰元代造像的题材及来源

图 4.4　南宋，飞来峰第 68 龛

为南宋所造。如劳伯敏、高念华两位先生皆认为此龛为南宋造像。[6]但王伯敏先生在《西湖飞来峰的石窟艺术》一文[7]中曰："弥勒佛像，据《云林寺志》谓：'该佛像为宋乾德四年所造'，其旁十八罗汉为元时所添。"但看造像，不可能是两个时代的合作。此像镌记无存。疑为元代初年之作，但尚须考察。今赖天兵先生也从此说。熊文彬、谢继胜、高贺福三位先生更进一步认为此龛与藏传佛教造像中之布袋和尚及十八罗汉有直接的关系，后两位在《杭州飞来峰藏传石刻造像的风格渊源与历史文化价值》[8]一文中称："探讨藏传佛教罗汉造像'和尚'的由来，飞来峰布袋和尚是一条极为重要的线索。这里的布袋和尚的眷属不是攀缘的童子，而是作为主尊的弥勒布袋和十八罗汉的组像。飞来峰是

6　劳伯敏：《关于飞来峰造像若干问题的探讨》，《文物》1986 年第 1 期，第 66 页；高念华：《飞来峰造像》，文物出版社，2002 年，第 13 页。

7　《文物参考资料》1956 年第 1 期，第 22—26 页。

8　《西藏研究》2003 年第 2 期，第 41—49 页。

图 4.5　北宋，飞来峰玉乳洞十八罗汉（部分）

图 4.6　北宋，飞来峰青林洞十八罗汉

藏汉艺术在江南的首次汇聚之处，这也是飞来峰的价值所在，他很可能是布袋和尚及十八罗汉造像传入西藏的初始。"

杭州地区自五代始即有镌造十六罗汉及五百罗汉的历史，但十八罗汉兴于何时、何地，为何北宋时在飞来峰多有镌刻，与元代十八罗汉之关系又是如何，则可做进一步的探讨。

至北宋，太平兴国三年（978）钱俶纳土归宋后即北迁汴京。杭州南山地区由吴越国王室所兴的建寺造像活动因此停止，从此绝迹。但"宋政权建立之后，就一反前代北周的政策，给佛教已适当的保护来加强国内统治的力量""其后各帝对佛教的政策大体不变"。[9] 加之入宋以来，禅宗成了佛门势力最大、影响最深的宗派，晚唐五代时所分出的沩仰、临济、曹洞、云门、法眼五大派系中的法眼、云门、临济等宗派，在五代北宋时皆弘传于浙江。如法眼宗传人宋初名僧延寿（904—975）得法开悟后即主持过杭州灵隐寺；云门派之一支德山缘密，其传人契嵩（1007—1072），庆历年间（1041—1048）"入吴中，至钱塘，乐其湖山"，因其著述立说影响重大，仁宗皇帝赐以"明教大师"号，名声大振，但其谢绝朝廷的挽留，退归杭州灵隐寺。[10] 这些都使得入宋后与灵隐寺相邻的飞来峰成了继五代杭州南山后的佛教造像中心。同时禅宗的兴盛，表现在飞来峰造像题材上则为，没有了成铺的"西方三圣"，吴越国时在石屋洞和烟霞洞中可见的罗汉造像，此时成了飞来峰造像的主要题材；玉乳洞中也有十八罗汉一铺（图4.5），青林洞内有十八罗汉二铺；成排的小罗汉群像高低错落近百尊（图4.6），然文献对于何时出现十八罗汉，则众说不一。

徹定《罗汉图赞集》中记载，苏东坡曾在唐末的张玄和贯休画的十八罗汉像上题记，遂使十八罗汉像流传于世。《宣和画谱》中也录有李公麟（1049—1106）曾画有《十八尊者》《十八罗汉渡海图》等。十八罗汉是在十六罗汉的基础上加上了十七、十八两位，但此两位则有多种说法，称东坡增加的是《法

---

9 吕澂：《中国佛学源流略讲》，中华书局，1979年，第384页。
10 沈冬梅、范立舟：《浙江通史》第5卷《宋代卷》，第305—306页。

住记》的作者庆友和重复了十六罗汉的第一位宾头卢；南宋志磐的《佛祖统记》中说应为释迦牟尼的弟子迦叶以及军徒；西藏所传的十八罗汉是加上了摩耶夫人与弥勒，一些藏传佛教寺庙内的十八罗汉都加上了布袋和尚。

但造像始于何时则众说不一。阎文儒先生在《中国石窟艺术总论》[11]中认为，到北宋时，还是十六罗汉的题材，直到南宋咸淳五年（1269）志磐撰《佛祖统记》才提出有十八罗汉。史岩先生在《杭州南山区雕刻史迹初步调查》[12]一文中则认为：十八罗汉的群像形成，乃是十六罗汉在中国经过一定时期的流行后，到了宋代才出现的，十六罗汉在雕塑上的五代遗作，除了烟霞洞和飞来峰各有一铺外，在其他地区却极为罕见。阮荣春先生在《罗汉艺术》一文中说：约在宋代淳熙年间（1174—1189），十八罗汉像开始出现。台湾陈清香先生在《罗汉图像研究》一文中记：

> 相传在杭州西湖的净慈寺道潜禅师曾铸十八罗汉，"净慈禅寺，周显德元年（954），钱王俶建，号惠日永明院，迎衢州道潜禅师居之，潜欲从王求金铸十八阿罗汉，未白也，王忽夜梦十八巨人随行，翌日道潜以请。王异而许之，始作罗汉堂"。

如果这段文字属实，那么最早在五代晚年，便已开始了十八罗汉的艺术创作。并称苏东坡不但为张玄的十八罗汉作颂，也为广东清远峡宝林寺的贯休十八罗汉作赞，因此得出结论，如果不是贯休老早就画了十八罗汉，则至迟到北宋中叶以后，必已流传。现飞来峰青林洞中两铺十八罗汉与周边题记时间为北宋咸平三至六年（1000—1003），与周边所刻的小罗汉造像样式及手法完全一致，玉乳洞中之十八罗汉又与同一洞中北口题记为天圣四年（1026）的六祖像造型及造像手法也完全相同，从时间上看与史所载后周吴越国时净慈寺所造

---

11 阎文儒：《中国石窟艺术总论》，广西师范大学出版社，2003年，第356页。
12 《文物参考资料》1956年第1期，第9—22页。

图 4.7　北宋，飞来峰玉乳洞十八罗汉第九尊　　图 4.8　五代，烟霞洞十六罗汉之一

十八罗汉相去不远，十八罗汉造像始于杭州当有可能。飞来峰此三铺十八罗汉也为国内所见之年代最早者，为北宋早期。玉乳洞中与十八罗汉装束相同的一铺六祖像，也为同期国内仅见。其中的十八罗汉与烟霞洞中五代时十六罗汉相比（图4.7、图4.8），则相对浑朴而粗放，少了烟霞洞中罗汉所具有的细节刻画，人物动态也较为单纯，除了手足动态稍有差别之外，一般变化较少，衣纹的表现也以线刻为主，既浅且疏，线条边缘浑厚，完全没有烟霞洞罗汉衣纹形体的起伏以及形体边缘的锋棱之感。这除了时代的因素外，烟霞洞罗汉为吴越国钱王所造，飞来峰北宋罗汉为民间所造，对造像的要求、投入的资金和匠人的水准当都有不同。

　　杭州南山地区及飞来峰五代及宋代多镌十八罗汉之风，直接导致了飞来峰第68龛十八罗汉的雕凿，但为何又加入了布袋和尚，这当与布袋和尚原型出于浙江，五代时杭州已有此形象的流传有关。布袋和尚，其生于晚唐，卒于梁贞明三年（917），明州奉化县人，在本县岳林寺出家，自称契此，时号长汀子布袋师。《五灯会元》中称其：

> 形裁腲脮，蹙额皤腹，出语无定，寝卧随处，常以杖荷一布囊并破席，凡供身之具尽贮囊中……梁贞明三年丙子三月，师将示灭，于岳林寺东廊下端坐磐石，而说偈曰："弥勒真弥勒，分身千百亿。时时示时人，时人自不识。"偈毕，安然而化。其后复现于他州，亦负布袋而行。四众竞图其像。[13]

因其逝前偈语中提及弥勒，后来绘造其形象者，皆以其代替弥勒之原型进行造作，形象都按其传略所记，肥头丰腮，长耳垂肩，袒胸露乳，大腹便便，欢眉笑眼，身倚布袋，手持念珠，席地而坐。此布袋式弥勒像在北宋时已广为流行，杭州南山之烟霞洞中即曾有北宋时镌刻的布袋式弥勒像，而且与洞中十六罗汉共生于一处。烟霞洞十六罗汉为五代所造，此当为布袋弥勒像与十六罗汉相结合的最早的案例。正因为有此开端，才有了飞来峰第68龛的大型布袋弥勒像与十八罗汉相结合的样式的出现，才有了元代之后的藏传佛教寺庙中十八罗汉中皆加入布袋弥勒像这一现象。

因此杭州飞来峰元代的造像题材也遵循了佛教造像发展的一贯规律，即新的题材及样式来到新的地区，必然与原有造像题材及样式进行融合，有时原有造像题材因新的造像因素的加入而获得新的活力，新的题材及造像样式也因与原有造像样式的交融而得以存在。

---

13 [宋]普济：《五灯会元·明州布袋和尚》，苏渊雷点校，中华书局，1984年，第121—122页。

第二节
西夏、元两都的造像题材
与飞来峰元代造像题材之关系

  飞来峰元代造像现共计有六十八龛、一百一十余尊，可分为佛、菩萨、佛母、护法、祖师等部。佛部又有无量寿佛（阿弥陀佛）、释迦佛、弥勒佛、药师佛、毗卢遮那佛、东方不动佛，其中造像既有汉式，也有梵式。菩萨部有观音、文殊、普贤、大势至、金刚萨埵、大持金刚等。其中观音的汉式造像有水月观音、数珠手观音、杨枝观音、圣观音；梵式又有四臂观音、狮吼观音。佛母因为藏传题材，造像都为梵式，有救度佛母、大白伞盖佛母、尊胜佛母、般若佛母、摩利支天。护法部也都为梵式造像，有宝藏神（布禄金刚）、多闻天王、金刚手、七头龙王。祖师像有一铺，为密理瓦巴及二位侍女龛，另还有一龛为三位镌造者，即杨琏真伽、闽僧闻、剡僧泽。

  从飞来峰元代造像来看，由于元廷对于藏传佛教的崇信，并委任萨迦系僧人统领江南僧务，使得飞来峰元代造像在题材和样式上呈现出"汉梵并用"的特点，对于这一造像特色的来源，之前曾有许多的讨论，或称来自元大都，或称来自藏传密教盛行的原西夏地区。

  元时两京，阿尼哥及其弟子建造了许多寺庙及佛像。《凉国公敏慧公神道碑》载阿尼哥"最其平生所成，凡塔三，大寺九、祠祀二、道宫一"。《元代画塑记》记录了元成宗元贞元年（1295）至文宗至顺元年（1330）间元朝宫廷匠师绘塑御容、儒道佛像的时间、缘起、内容及材料等，其中即有阿尼哥及其弟子大量造像的记录，但今都已不存，仅存的如居庸关云台浮雕（图4.9），在造像题材上也与飞来峰有所不同。因此在比较上，缺乏图像学上直接的依据。故人们把目光投向了西夏。西夏本身曾具有信奉藏传佛教的悠久

图 4.9 元，居庸关云台浮雕佛像

图 4.10 金刚座触地印释迦牟尼佛西夏黑水城出土唐卡

图 4.11 元，飞来峰释迦牟尼佛坐像

图 4.12 缂丝绿度母，西夏黑水城出土

图 4.13 元，飞来峰第 99 龛左胁侍救度佛母

历史，在蒙元崇信藏传佛教及其东渐的历史中又扮演了重要的角色。西夏地区现存有许多藏传密教题材的壁画，西夏黑水城出土的大量唐卡中，无论是造像的题材还是造像的样式都与飞来峰元代造像具有相似性。其图像学上的相互关系，具有许多可以直接比较的方面，在其他地区同期图像短缺的情况下，似有唯一性（图4.10—图4.13）。同时，主持元代飞来峰造像的江南释教都总统杨琏真伽又为河西唐兀人，即西夏人。其在任期间，河西字大藏经也在杭州大万寿寺雕刊等等，都使得飞来峰元代造像与西夏藏传密教造像似有着相互的渊源。但笔者以为，元两都大量镌造"西番佛像"与西夏所盛行的藏传佛教造像虽具有地域及时间先后的差异，但其所表现的内容及样式从根本上说是一致的，皆可称为"西天梵相"，并且也都应是元代飞来峰造像题材及风格的重要来源。

"西天梵相"和"西番佛像"出现于《元史》有关阿尼哥的弟子刘元的记述中："有刘元者，尝从阿尼哥学西天梵相，亦称绝艺……其所为西番佛像多秘，人罕得见者。"由此可知，刘元所学之"西天梵相"与所塑之"西番佛像"为同一内容，是由阿尼哥亲授的，又因其中有表现藏传佛教秘密部的内容而不轻易示人。藏传佛教显密并弘，修行次第则先显后密，以密续部为最高境界，按照事、行、瑜伽及无上瑜伽四部的次第循序而上。因此以表现藏传佛教教义，来自吐蕃，或通称西域之地的造像样式，即是"西天梵相"。这一造像样式在形成及传播过程中，也时刻伴随着与各地域文化及当地所特有的审美取向的结合，现存世的同一时代不同地区的藏传佛教造像样式的各具风貌即是明证。在藏传佛教造像发源地的西藏，其造像形式也因地域及受外来造像样式的影响的差异而有所不同。藏西，上路弘法的古格之地，因当时克什米尔艺匠的到来及东印度高僧阿底峡的赴藏，其造像样式即具有克什米尔、东印度帕拉王朝的影响。藏中，因其与尼泊尔接壤，其造像则带有强烈的尼泊尔及东北印度造像的风格。在西夏，因其地处西域与两宋交汇之地，长期浸润于汉文化的影响之中，藏传佛教传入后，其藏传佛教造像样式也在与宋代佛教造像样式相结合中而形成具有西夏特殊风貌的藏传佛教造像样式。

就现存的具有明确纪年的元时两都铸铜佛像来看，元都的"西天梵相"也同样是由多种造像元素相互结合而成的。

元廷注重藏传佛教，因此与之相关的造塔建寺、塑像彩绘及佛事活动也随之兴盛一时。元朝为此设立了专门的机构，如在工部中设有诸色人匠总管府，掌管百工的技艺。其下有梵像提举司，"董绘画佛像及土木刻削之工"，出蜡局提举司，"掌出蜡铸造之工"，下设铸泻等铜局"掌铸泻之工"，银局"掌金银之工"，镔铁局"掌镂铁之工"，玛瑙玉局"掌琢磨之工"，石局"董攻石之工"，木局"董攻木之攻"，油漆局"董刷漆之工"，诸物库"掌出纳诸物之事"，管领随路人匠都提领所"掌工匠词讼之事"。[14] 从所设立的司、局、所的配置来看，造像过程中所涉及的人员、工种、材料、工艺等一应俱全，甚至一条造像指令下达，即可开工并直至完成。其中特别引人注目的是出蜡局提举司和下设铸泻等铜局，似为元代所特有，这当与其时大都的寺庙中多用铸铜佛像以求"佛像欲岁久不坏"有关。《元代画塑记》中即有多处记载如：

武宗皇帝至大三年正月二十一日，敕虎坚帖木儿丞相，奉旨新建寺后殿五尊佛。咸用铜铸。

延祐四年十月九日，敕用鍮石铸燃灯、弥勒佛二，普庆寺安奉……

七年十二月六日进呈玉德殿佛样，丞相拜住、诸色府总管朵儿只奉旨，正殿铸三世佛，西夹铸五方佛，东夹铸五护佛、陀罗尼佛。皆用鍮石莲花座，及台钑光焰里钉座。

天历二年十一月十三日，院使拜住奉皇后懿旨，命八儿卜匠铸救度佛母银佛……成造出蜡白银铸八臂救度佛母一身，带莲花须弥座并光焰。水镀金出蜡鍮石铸左右伴绕佛母、善菩萨等二十三身，各带莲花须弥座。内二身有光焰，其十臂者二身，八臂者二身，六臂者二身，四臂者六身，二臂者九身……

十二月九日，院使拜住传皇后懿旨，令诸色府李同知以白银铸佛九尊……

---

14 《元史》卷八十五，志第三十五，百官一，《工部》，第2144—2145页。

二年四月十日，平章明理董阿等进僧宝今画像，上命诸色府李同知等用鍮石、用蜡铸造一身。

那么为何有元一代造像会兴以铸造之术呢？这当与阿尼哥有直接的关系，《元史》中载有阿尼哥从其国尼泊尔至西藏，复又入元大都经过：

中统元年，（忽必烈）命帝师八合斯巴（即八思巴）建黄金塔于吐蕃，尼波罗国（尼泊尔）选匠百人往成之，得八十人，求部送之人未得。阿尼哥年十七，请行，众以其幼，难之。对曰："年幼心不幼也。"乃遣之。帝师一见奇之，命监其役。明年，塔成，请归，帝师勉以入朝，乃祝发受具为弟子，从帝师入见。帝视之久，问曰："汝来大国，得无惧乎？"对曰："圣人子育万方，子至父前，何惧之有。"又问："汝来何为？"对曰："臣家西域，奉命造塔吐蕃，二载而成。见彼土兵难，民不堪命，愿陛下安辑之，不远万里，为生灵而来耳。"又问："汝何所能？"对曰："臣以心为师，颇知画塑铸金之艺。"帝命取明堂针灸铜像示之曰："此宣抚王楖使宋时所进，岁久阙坏，无能修完之者，汝能新之乎？"对曰："臣虽未尝为此，请试之。"至元二年，新像成，关鬲脉络皆备，金工叹其天巧，莫不愧服。凡两京寺观之像，多出其手。

从阿尼哥与元帝的对话中可知，"画塑铸金"是其自视最擅长的，并且在入京后元帝即刻小试的就是他的铸金能力，让其修理已坏的针灸铜像，结果修缮后的新像，巧夺天工，让人叹服。之后忽必烈便对其宠信有加，在至元十年（1273）诸色人匠总管府成立之始，即"授人匠总管，银章虎符。十五年（1278）有诏返初服，授光禄大夫、大司徒，领将作院事，宠遇赏赐，无与为比"[15]。正因其在绘塑铸金方面高超的技艺，元时上都和大都的寺观中大量的造像，多

---

15 《元史》卷二百三，《列传》第十九，《方技》工艺附，阿尼哥条，第4546页，另《元史》卷八十五中有关诸色人匠总管府设立的年代为"至元十二年始置"，《元史》卷八十八，将作院条，有关设立的年代为"至元三十年始置"，皆与阿尼哥条不符。

图 4.14 9—10 世纪，菩萨立像，尼泊尔

图 4.15 9 世纪，宝冠佛立像，克什米尔，大都会博物馆藏

图 4.16 12 世纪，文殊菩萨坐像，东印度

出自他及他的儿子阿僧哥、弟子刘元等人之手，这在《元代画塑记》中有许多的记载。如：

> 大德九年十一月四日，司徒阿尼哥等奉皇后懿旨："中心阁佛像欲岁久不坏，可用铜铸之……"
>
> 武宗皇帝至大三年正月二十一日……秃坚帖木儿、搠思吉月即儿、阿僧哥洎帝师议，依佛经之法，拟高良河寺井五台佛像，从其佳者为之。
>
> 延祐四年八月十一日，中政院使阔阔歹奏："青塔寺山门内四天王，今已秋凉，正可兴工，未审命谁塑？"奉旨："刘学士塑之，合用塑画匠，令阿哥拨。"
>
> 十月二十五日，香山寺四天王，命刘总管塑之。阁下毗卢佛两傍，添塑立菩萨二，文殊菩萨一。

阿尼哥高超的铸造能力当与其自幼即在尼泊尔学习绘塑铸金技术有关。《元史》曰：

> 阿尼哥，尼波罗国人也，其国人称之曰八鲁布。幼敏悟异凡儿，稍长，诵习佛书，期年能晓其义。同学有为绘画妆塑业者，读尺寸经，阿尼哥一闻，即能记。长善画塑，及铸金为像。[16]

尼泊尔的佛像铸造工艺历史悠久，精巧细腻，技艺高超，这不仅是因为尼泊尔纽瓦尔民族所具有的天性，也与其国盛产"赤铜"并大量运用于佛像制作有关（图4.14）。唐代玄奘《大唐西域记》及北宋初编的《新唐书》，均记载尼泊尔"出赤铜"，并且存世的尼泊尔铸铜佛像几乎皆以红铜制成，[17]其柔软的质地、良好的延展性，便于浇铸及后期敲花刻镂、精工细琢。这也助长了尼泊尔铜像精巧的风格，使其巧工名誉天下。并因其国土与西藏的接壤，史载7世纪以后，即不断有纽瓦尔艺匠应聘赴藏地参与建寺及绘铸之事。尼泊尔在输出铸铜工艺及工匠的同时，也使得尼泊尔造像样式传播至西藏，并与藏传佛教造像中之克什米尔（图4.15）、东印度之风格相结合形成了元代"西天梵相"的主要风格之一（图4.16）。并随着元代藏传佛教向内地的传播及阿尼哥在两京的大量造像而流布至中原及元朝各地。

据《凉国公敏慧公神道碑》载，阿尼哥于至元十六年（1279）建造了大圣寿万安寺中的白塔，帝师亦怜真也参与了白塔内外的佛像及器物的排布。元代《圣旨特建释迦舍利灵通之塔碑文》记：

> 爰有国师益邻真者，西番人也。聪明神解，器局渊深，显教密教，无不通融。

---

[16] 《元史》卷二百三，《列传》第十九，《方技》工艺附，阿尼哥条，第4545页。

[17] 葛婉章：《尼泊尔与西藏佛教造像艺术》，载于《金铜佛造像特展图录》，台北故宫博物院印行。文中称："凡史柔德尔（Ulrich von Schroeder）博士在其巨作《印藏铜像》（Indo-Tibetan bronzes）一书中，收录有尼泊尔18世纪前的铸铜二百三十尊，中仅四尊用黄铜及青铜，余皆红铜。此为不同于印度、中国西藏地区，是尼泊尔独一无二的特性。"

大乘小乘，悉皆朗悟。胜缘符会，德简帝心。每念皇家信佛，建此灵勋，益国安民，须凭神咒。乃依密教，排布庄严，安置如来。身语意业，上下周匝，条贯有伦。

并对其按照藏传密教仪轨安置白塔寺白塔中的佛像塔藏进行了详细的记载：

第一身所依者：先于塔底，铺设石函，刻五方佛白玉石像，随立陈列，傍安八大鬼王、八大母轮，并其形象，用固其下；此于须弥石座之上，镂护法诸神：主财宝天、八大天神、八大梵王、四王九曜，及护十方天龙之像；后于瓶身，安置图印、诸圣图像，即十方诸佛、三世调御、般若佛母、大白伞盖、佛尊胜无垢净光、摩利支天、金刚摧破、不空羂索、不动尊明王、金刚手菩萨、文殊、观音，甲乙环布。第二语所依陀罗尼者，即佛顶无垢、秘密宝箧、菩提场庄严、迦啰沙拔尼幢、顶严军广博楼阁、三记句咒、般若心经、诸法因缘生偈，如是等百余大经，一一各造百千余部，夹盛铁锢，严整铺累。第三意所依事者，瓶身之外，琢五方佛表法标显，东方单杵、南方宝珠、西方莲花、北方交杵，四维间厕四大天母所执器物。又取西方佛成道处金刚座下黄腻真土，及此方东西五台、岱岳名山圣迹处土，龙脑沈笈、紫白栴檀、苏合郁金等香，金银珠玑、珊瑚七宝、共持香泥，造小香塔一千八个；又以安息、金颜、白胶、熏陆、都梁、甘松等香；和杂香泥，印造小香塔一十三万，并置其中，宛如三宝常住不灭，则神功圣德，空界难量，护国佑民，于斯有在。

从以上碑文可知，元时的白塔塔底及塔身均安置了众多的佛、菩萨、佛母、护法及经文法器等饰物，惜今都已不存。但我们还是能从此碑文、《元代画塑记》及现今北京仅存的元代造像实物居庸关云台浮雕中隐约了解到元时两都所造之佛像内容。结合西夏所出之藏传佛教造像，与飞来峰元代造像题材对照列表如下：

第四章　飞来峰元代造像的题材及来源

造像内容	飞来峰	两都	西夏
佛部	无量寿佛（阿弥陀佛） 释迦佛 药师佛 弥勒佛 毗卢遮那佛 五方佛之东方不动佛	无量寿佛（阿弥陀佛） 释迦佛 药师佛 弥勒佛 毗卢遮那佛 五方佛 肉螺髻佛 燃灯佛 陀罗尼 五智如来佛 十方诸佛（白塔、居庸关有）	无量寿佛（阿弥陀佛） 释迦佛 药师佛 上乐金刚
菩萨部	观音 文殊 普贤 金刚手 金刚摧破 金刚勇识 大势至 其他菩萨	观音 文殊 普贤 金刚手 金刚摧破 不空羂索 善菩萨 宝公	观音 莲花手
佛母	佛顶尊胜佛母 般若佛母 大白伞盖佛母 摩利支天 救度佛母（绿度母）	佛顶尊胜佛母 般若佛母 大白伞盖佛母 摩利支天 其他佛母	佛顶尊胜佛母 般若佛母 大白伞盖佛母 救度佛母（绿度母） 作明佛母 金刚亥母 空行母
护法部	宝藏王（布禄金刚） 多闻天王 七头龙王	主财宝王 八大鬼王 八大母轮 八大天神 八大梵王 四王九曜 十方天龙之像 三世调御 不动明王（以上为白塔有） 四大天王 七头龙王 迦楼罗（此三为居庸关有） 马哈葛剌 金刚二大力士	不动明王 多闻天王 大黑天神
祖师上师	密理瓦巴	巴思巴	噶玛噶举上师 其他上师
罗汉	十八罗汉（不确定）	十六罗汉	

表中所列内容虽不尽全面，三地比较终能看出：佛部，飞来峰与西夏在造

93

像题材上较为一致，两都的佛部题材则更系统，除了具有与飞来峰和西夏相同的题材外，还具有完整的五方佛及十方诸佛。菩萨部，飞来峰与两都在题材上几近一致。佛母部，三地表现出很大程度的一致性，但西夏有飞来峰与两都都不具有的作明佛母、金刚亥母、空行母题材。元两都则突出地表现出题材上的多样性，与五方佛、十方诸佛相配套而构成了完整的藏传密教坛城。这与元时两都所处的地位及名目繁多的佛事活动是相一致的。马哈葛剌或称大黑天神，西夏及两都多有绘塑，杭州飞来峰虽未有镌造，但在杭州吴山宝成寺有元至治二年（1322）雕琢的马哈葛剌像一堂，可以明晰此像之流布是全国性的。

从列表中可以看出三地的造像题材各具特色，造像内容中具有藏传密教续部之无上瑜伽部的上乐金刚、作明佛母、金刚亥母、空行母等题材，以表明西夏时的藏密具有事、行、瑜伽及无上瑜伽四部完整的修行次第。究其原因，这应与西夏自古即与吐蕃有很密切的联系有关。早在西夏建国之前，西夏境内原住的党项人即与吐蕃族之间相互杂糅与融和，文化上则你来我往，互相交流与影响，因此《宋史》中有"大约党项吐蕃，风俗相类"的说法。[18] 西夏境内有许多的吐蕃人，藏传佛教很早即已传入此地。他们主要使用藏语，在河西敦煌和于阗一线，直至10世纪藏语仍被作为官方语言而普遍使用着。在西夏境内，藏文还是诵读佛经的必备文字之一，僧人须用藏语诵读多部佛教经文。吐蕃与西夏地区长期的密切交往，使得11世纪后弘期初年复由阿里等地进入卫藏的修行上乐金刚亥母本尊坛城的密法几乎同时能够在西夏的广大区域流行。在整个12世纪，西夏吐蕃和平相处、友好往来，更为藏传佛教在此地的传播创造了条件。有确凿的文献表明，当时有来自印度、克什米尔和西藏的僧人久居西夏从事译经活动。同时藏传佛教教义中显著的实践色彩，也正好迎合了西夏佛教崇仪轨、重实践的特性。多种因素遂促使藏传密教之完整教义长期弘传于西夏各地。[19]

---

18 《宋史》第64卷，《宋琪传》。

19 谢继胜：《西夏藏传绘画——黑水城出土西夏唐卡研究》，河北教育出版社，2002年，第186—198页。

第四章　飞来峰元代造像的题材及来源

与此相对，两都及飞来峰的造像题材中没有上乐金刚、作明佛母、金刚亥母、空行母等题材，表明了藏传密教传至中原后即去除了无上瑜伽部的内容，这与唐代密教兴传于内地时只传金刚界与胎藏界曼陀罗，而不传无上瑜伽部内容应是出于相同的考虑，以适应儒家文化长期影响下汉地对密教某些教义、仪轨及造像样式的不容，是密教进入中原地区以求得到更好的发展的策略之举。

从三地造像内容列表中还可以看出两都在造像内容上更丰富、更系统、更完备。具有五方佛及相伴的护法诸神、十方诸佛及依陀罗尼的各种经文、五方佛相应的法器等等，更符合藏传密教曼荼罗坛城的要求。这应与两都作为元朝政治、文化及宗教管理的中心地位有关。为管理全国佛教事务，元朝特设立总制院（后更名为宣政院），"秩从一品。掌释教僧徒及吐蕃之境而隶治之"。并任命藏传佛教萨迦派僧人帝师总摄。帝师的主要任务有二，一为掌管全国僧务及西藏地区政教事务，另一个重要的任务即负责元朝皇室的佛事活动。如元朝历朝皇帝在登基前，必先由帝师"受佛戒九次，方正大宝"。[20] 除了为皇室说法、受戒、祈福等重要的佛事活动外，《元史》中还记载了元朝宫廷其他众多的佛教祈祠活动：

若岁时祝厘祷祠之常，号称好事者，其目尤不一。有曰镇雷阿蓝纳四，华言庆赞也。有曰亦思满蓝，华言药师坛也。有曰搠思串卜，华言护城也。有曰朵儿禅，华言大施食也。有曰朵儿只列朵四，华言美妙金刚回遮施食也。有曰察儿哥朵四，华言回遮也。有曰笼哥儿，华言风轮也。有曰咱朵四，华言作施食也。有曰出朵儿，华言出水济六道也。有曰党剌朵四，华言回遮施食也。有曰典朵儿，华言常川施食也。有曰坐静，有曰鲁朝，华言狮子吼道场也，有曰黑牙蛮答哥，华言黑狱帝主也。有曰搠思江朵儿麻，华言护（江）[法]神施食也。有曰赤思古林搠，华言自受主戒也。有曰镇雷坐静，有曰剌察坐静，华言秘密坐静也。有曰斟惹，华言文殊菩萨也。有曰古林朵四，华言至尊大黑神

20　[元]陶宗仪《南村辍耕录》卷之二，中华书局，1959年2月第1版，第20页。

回遮施食也。有曰歇白咱剌，华言大喜乐也。有曰必思禅，华言无量寿佛也。有曰靓思哥儿，华言白伞盖咒也。有曰收札沙剌。华言五护陀罗尼经也。有曰阿昔答撒（答）[哈]昔里，华言八（十）[千]般若经也。有曰撒思纳屯，华言大理天神咒也。有曰阔儿鲁弗卜屯，华言大轮金刚咒也。有曰且八迷屯，华言无量寿经也。有曰亦思罗八，华言最胜王经也。有曰撒思纳屯，华言护神咒也。有曰南占屯，华言（怀）[坏]相金刚也。有曰卜鲁八，华言咒法也。又有作擦擦者，以泥作小浮屠也。又有作答儿刚者。其作答儿刚者，或一所二所以至七所；作擦擦者，或十万二十万以至三十万。又尝造浮屠二百一十有六，实以七宝珠玉，半置海畔，半置水中，以镇海灾。[21]

　　从以上记载可以看出，其中的许多佛事活动即直接围绕着相关的造像来进行，因此两都在造像上所具有的系统性是与其时两都大量的佛事活动直接有关的，正是这些名目繁多的佛事活动导致了两都大量的造像，造像题材也更具多样性和系统性。

　　相比于两都和西夏，造像在题材上除了具有许多藏传密教造像题材之外，还表现出与飞来峰及杭州南山地区五代及宋窟龛造像题材的一致性。

　　总之，无论是西夏还是两都，在造像题材上也表现出"显密并陈"这一特点，这也必然带来造像手法上的"汉梵并举"。这其中虽有藏传密教及西番佛像之入乡随俗，或因汉地之佛教信仰内容及造像样式早已深入人心。但究其根本原因，还应是佛教自唐代起虽有显密之分，但终归只是修行门径之不同，根本教义并无二致，藏传密教同样也强调显密并弘，修行更循先显后密的次第，只有通达显密二教之经律论，才被认为是通融了佛教的全部知识。藏传佛教后弘期最重要佛教弘传者，东印度高僧阿底峡尊者，博通显密，入藏后即"著述《菩提道灯论》等，努力宣扬显密贯通观行并重之大乘学"。另元廷尊崇的藏传佛教萨迦派，其"学说亦融会显密，而用清辩一系之中观为密乘本义之解释。

21　《元史》卷二百二《列传第八十九·释老》，第 4522—4523 页。

又以显乘之菩萨五位（资粮、加行、见道、修道、究竟）与密乘四部对合面修，以为修此即自然修彼"[22]。如前所引在元代《圣旨特建释迦舍利灵通之塔碑文》中赞美帝师亦怜真时，也称其"显教密教，无不通融。大乘小乘，悉皆朗悟"。以上所述，皆足以说明表现在造像题材及造像样式上的显密并弘、汉梵并重应是藏传佛教教义融汇显密诸典及义理的结果。

---

22 吕澂：《西藏佛学原论》，第43—45页。

第五章

飞来峰元代造像的样式特点及其来源

第一节
汉式造像的特点及其来源

飞来峰元代造像除龙泓洞内有一尊观音外，其余皆分布于青林洞、理公塔、玉乳洞、龙泓洞、冷泉溪南岸沿线及之呼猿洞之洞口及山坡崖壁之上，随山势进出，高度错落有致，具有体量较大、形体饱满、雕刻细腻等特点。佛龛形制与前朝雕像相比则表现为深雕、方直，后壁与佛龛两壁及顶面界限分明并趋于直角。背光头光也一改五代以来华丽火焰纹背光，而代之素面的马蹄形及环形背光。佛座则更趋多样。这主要是由于飞来峰元代造像"汉梵并用"的造像特点所引发的，汉式造像多数采用莲瓣比较瘦长的仰莲座，梵式造像则多用上下带联珠纹的，莲瓣肥短的扁平状仰莲座，有的还以亚字形须弥座托起。汉、梵两种造像样式有时又相互结合，互相渗透，构成一种汉梵共存的独特的造像形式。但无论是汉式造像还是梵式造像，其造像特点又来自何处？其中的汉式造像与五代以来的杭州本地造像样式是否有因承的关系，还是与梵式造像一起来自他处？都可做深入的探究。

飞来峰有明确纪年的佛像镌造始于后周广顺元年（951），历经了五代、宋直至元代。现存有五代造像五龛十一尊，北宋造像两百余尊，飞来峰共有五代西方三圣三龛（图 5.1），南山地区同时期另有三龛西方三圣（图 5.2），六龛五代所造之西方三圣像做一比较，即可看出杭州地区五代时期的造像特点。几处的西方三圣，历经岁月，多有不同程度的损毁，其中石屋洞中西方三圣早已无存，圣果寺与仁王讲寺中西方三圣只留有隐约的遗痕，资贤寺、天龙寺和飞来峰中的西方三圣及阿弥陀佛像的面部则受到不同程度的破坏，后经俗手随意涂抹更不见原有造像的神气，有些造像头部甚至已经不存，其中只有飞来峰第 2 龛（图

图 5.1　五代后周，西方三圣像，飞来峰青林洞内

图 5.2　五代，西方三圣像，杭州慈云岭

图 5.3　五代吴越，西方三圣，飞来峰第 2 龛

5.3），因其处于青林洞南面之崖壁上，不易攀附，位置又较隐秘而保存较为完好，因此其他各龛之佛与菩萨可与之对照后想见其原有的风貌。西方三圣皆结跏趺坐于莲座之上，阿弥陀佛着半披肩袈裟，衣纹自左肩斜垂至身躯右侧，袒右胸臂，头型方圆，容相圆满，神情端庄，螺发高肉髻，双手置于脐前，作禅定印，结全跏趺式；观音与势至皆头戴宝冠，宝冠紧贴，两侧宝缯垂肩，容相和顺，右手执柳枝，左手置于脐前。势至的手势则有两种，资贤寺之势至两手皆置于胸前，飞来峰之势至则右手当胸，左手置于脐前，但皆表现出五代造像的特点，具有唐代造像的遗韵，即体态丰腴，容相庄严，衣饰雕刻得较浅，更为贴身而显出形体的饱满，但线条本身又雕刻得浑圆有力。天衣及饰物也较为简洁，皆承唐风。身后皆有宝珠形背光，有些中饰缠枝宝相花纹，外缘饰火焰纹。坐于仰莲须弥座上，莲瓣形制宽阔饱满，须弥座虽繁简不一，但基本结构相似，束腰较为低矮，有上端为仰莲座，下承须弥座的，有的须弥座下还有支撑脚，也有须弥座较为简略，无上部三匝，束腰即与仰莲直接相连而成佛座的。佛龛深度因造像之体量大小而有所变化，佛龛内上下、左右皆成弧形，没有明显的界面分割。整体形成一个大的弧面。这些造像的特点，在唐代造像，

图 5.4　北宋，卢舍那佛会浮雕　　　　　　　　图 5.5　北宋，观音菩萨浮雕

如龙门的奉先寺等造像中皆可寻到其中的渊源。奉先寺卢舍那大佛的背光即饰为火焰纹，其佛座已漫漶，但从两旁的弟子及菩萨的佛座即可看出，杭州地区五代造像佛座也来源于此，表现手法也如出一辙。

北宋飞来峰造像还有一些颇具特色的浮雕，在青林、玉乳两洞的洞口内外，有镌刻于和卢舍那佛会群像浮雕（图 5.4），后者在同一龛中雕凿了卢舍那佛、骑狮文殊、骑象普贤、天王四尊、供养菩萨四尊、牵狮侍者拂菻及俫儒、牵象侍者獠蛮及俫儒，龛楣上另有飞天二尊、大小造像共十七尊，形态各异，造型生动。卢舍那佛与单尊观世音菩萨相同坐于仰莲座（图 5.5），下承束腰如意头须弥座，形状高耸。背光图形与五代造像同，中饰缠枝宝相花纹，外缘饰火焰纹。但骑狮文殊、骑象普贤两像已采用素面环形背光。另一龛也为北宋乾兴元年所造的下生弥勒龛中的下生弥勒佛，两侧的法华林菩萨和大妙相菩萨也采用了素面环形背光，显示出此时两种背光样式仍然同存。北宋造像中还有白马驮经、朱士行取经和唐玄奘取经等题材。但这些造像有一共同的特点即是造像的形体渐趋修长，表现出北宋时所特有的造像风格，这当与北宋时重理学、禅宗重实

103

图 5.6　北宋天圣四年，六祖像，飞来峰玉乳洞

图 5.7　南宋，四川合川涞滩六祖像（部分）

践的更趋内省的整体氛围有关。

从以上分析可知，北宋造像与吴越国时造像虽有时代的先后，但造像样式皆沿袭唐风。与唐代造像的表现手法有相承的关系。如造像的衣纹依附于躯体的形态，仅以线刻或有限的较浅薄的形体加以刻画，但无论是线刻还是形体又必须是依内部躯体的起伏而起伏。有时衣纹仅以躯干外的装饰而存在，这样可充分地体现衣褶下原有躯干体积的饱满。这种衣纹的表现手法，是印度笈多时期造像湿衣法风格的延续与发展。然而五代及北宋的造像虽在整体的表现手法上还是唐代风格的延续，却已没有了唐代丰腴健硕、向外扩张的形体表现，整体气息的内省使得造像气度趋于弱化，形体的外缘没有了唐代具有张力的圆弧线，弧形变小、拉长而几近直线，形体的比例也更趋正常。这些表现手法到了南宋则有了更大的变化，如同为六祖造像，飞来峰玉乳洞中北宋天圣四年（1026）所造的六祖像与合川涞滩的六祖像（图5.6、图5.7），在衣纹的表现手法上则迥异。合川涞滩的六祖像的衣纹则表现为更有体积感，或者说更注重衣褶真实性的表现，而相对淡化了袈裟下六祖本身躯体的体积表现。南宋时的佛像更多的是通过强烈的更趋真实的衣纹表现来达到对形体的刻画，也就是说那时的衣纹表现已经不完全依附于躯体，而具有独立的表现功能，与佛像头部和躯干的表现相呼应，因此其表现手法

与北宋及之前的佛教造像有了本质的区别。这应与宋时禅宗兴盛、佛教的进一步中国化及南宋开始的佛教造像从内容到形式趋于世俗化的追求有直接的关系。

元代的飞来峰造像中，造像样式汉梵并举，汉式造像占其中的一半。造像内容如前所述，与元代之前杭州南山及飞来峰造像题材多有相像，多无量寿佛（阿弥陀佛）及观音等题材，阿弥陀佛单龛共有七龛，其中阿弥陀佛造像样式基本一致，皆螺发高髻，两耳垂肩，面部丰腴，容相慈悲，身躯壮硕，着通肩式袈裟，敞胸覆膊衣，双手相叠结禅定印置于腹前，身后有素面头光和身光，结跏趺坐于莲座之上，身下衣裾覆于莲座之上，并延边缘下垂，错落有致。莲座或由缠枝相连，或由亚字形须弥座承托，或直接置于承台之上。

元代飞来峰汉式无量寿佛（阿弥陀佛）与同区五代之相同题材的造像相比较，虽造像的姿态大体一致，但因时代之不同，审美取向之差异，反映在造像上则有分明的时代特征。同时地区的不同，也会在造像的整体形体及局部细节上显现出来，为明晰造像样式的来源提供了依据，现将杭州及飞来峰五代、元代及与元代飞来峰造像时间相近的西夏地区的无量寿佛（阿弥陀佛）造像进行比较，借此寻绎元代飞来峰汉式造像风格的渊源。

在比对中可以看出，元代的飞来峰无量寿佛（阿弥陀佛）与杭州地区五代阿弥陀佛虽处于同一地区，同为汉传造像样式，但除了整体造像样式的相像之外，许多方面不尽相同，如佛的服饰，五代时阿弥陀佛着半披肩袈裟，元代的飞来峰无量寿佛（阿弥陀佛）则着通肩式袈裟。五代的佛像背光为身后皆有宝珠形背光，有些中饰缠枝宝相花纹，外缘饰火焰纹。元代的佛像背光则为平面且较小的素面无纹的环形背光。佛座，五代时阿弥陀佛端坐于仰莲须弥座上，莲瓣形制宽阔饱满，下承须弥座；元代时阿弥陀佛的佛座也为仰莲座，但上端为垂落的衣裾所覆盖，而且莲瓣较为修长，每一瓣皆有三层相叠，莲座或由亚字形须弥座承托，或置于承台之上，或由缠枝相连而成。这种被衣裾所覆仰莲座的表现形式，唯独在西夏的壁画及西夏黑水城出土的唐卡中皆有发现，如安西榆林窟之第2窟中南壁东侧、南壁中侧、南壁西侧说法图，其中的主尊佛及两边胁侍文殊、普贤二位菩萨的佛座皆为此种样式。黑水城出土的阿弥陀佛净

图 5.8　西夏，阿弥陀净土变卷轴
艾尔米塔什博物馆藏

图 5.9　元代，西方三圣，飞来峰第 59 龛

土变卷轴中阿弥陀佛与左右观音、势至二胁侍的佛座与飞来峰第 59 龛西方三圣的佛座几乎是完全相同，皆由缠枝相连，向上开出三朵形状相似的莲花，缠枝间、莲座下皆有祥云衬托，衣裾的下摆也皆覆盖并垂落于莲座边缘。再看服饰也同样皆着通肩式袈裟，内覆膊衣。背光也同为素面环形背光，造像的整体形体也十分的相像，容相慈悲而圆满。这种造像样式高度的相似性，在查阅了许多资料后，笔者认为具有唯一性，这种极度的相似使我们有充分的理由相信，元代飞来峰造像中的汉传样式应有来自西夏地区的粉本作为造像依据（图 5.8、图 5.9）。同样元代飞来峰汉传造像中的水月观音与安西榆林窟第 2 窟中西壁南侧及西壁北侧的水月观音壁画有许多的相像之处，也再次证明了这一推论（图 5.10、图 5.11）。两处的观音除大的动态相似之外，有些细节：如披帛皆散落于座石之上，座石的表现手法也极为肖似，皆表现为多孔的石灰岩形态。与此相对，许多其他时代及地区的水月观音，如较早出现的敦煌帛画中唐及五代的水月观音，或四川安岳毗卢洞第 19 号龛之北宋水月观音的座石皆无此种石灰岩形态的表现。西夏与飞来峰两处水月观音，座石下水中有相同样式的承足及莲花、花蕾，观音的一侧，则皆有善财童子立于云头之上，向观音合掌行礼，以表现善财童子至普陀洛迦山参拜观音菩萨的场景，这也是其他地区水月观音

图 5.10　西夏，水月观音，榆林第 2 窟西壁南侧　　图 5.11　元，水月观音，飞来峰第 95 龛

造像中所未曾见到的。榆林窟水月观音的左侧石台上安放着插有柳枝的净瓶，在飞来峰第 92 龛的水月观音坐像的同样位置凿有一小龛，龛中石台上也雕有净瓶一只。净瓶样式也极为相像，同样在敦煌第 237 窟的西夏水月观音壁画中，净瓶也在相同的位置。而敦煌唐、五代的水月观音帛画中，净瓶皆置于左手，四川安岳毗卢洞第 19 号龛中净瓶置于水月观音造像的右边，净瓶的样式也不同。这些都再次证明了西夏汉传造像与飞来峰汉传造像之间的渊源关系。

飞来峰元代汉传造像的表现手法本身也有一些倾向上的差异，如衣褶的表现，绝大多数承接五代、北宋的表现手法，衣褶起伏不大，薄浅而贴体，有些是在很薄的形体里表现多层衣褶的叠加，非常的微妙。如第 33 龛柳枝观音立像，在仅两厘米左右的厚度中，表现了从里到外的菩萨所佩戴的璎珞、里层的裙裾、外面重叠的多层披帛，与杭州慈云岭资延寺中的菩萨造像手法多有相似之处。衣褶线条柔顺，有游丝之状，边缘过渡也较为圆润。另一种，衣褶体积较厚且方直，这一样式的有第 45 龛的布袋弥勒坐像，第 42 龛的弥勒坐像，第 36、39 两龛释迦佛立像，皆在龙泓洞口外侧南至北的崖壁上，这几尊造像形体线条单纯而粗放，衣褶厚重，边缘过渡也较为简单，袈裟底部体积特别突出，给人强烈的体积感，有南宋造像的遗韵，加之有些龛如第 39 龛与第 42 龛开脸也极为相似，因此笔者推断，此处几龛当为同一班工匠所镌。

飞来峰元代汉传造像在样式整体统一的前提下，在某些细节上也具有较丰富的变换。如佛座，有造像置于莲座之上的，也有造像直接坐于承台之上的，其中又各有变化。如直接坐于承台之上的即有三种变化，有第45龛端坐在承台之上，不加任何雕饰的；有第72龛、71龛、69龛、31龛、80龛坐在衣裾错落覆盖的承台之上的；还有承台雕凿成石灰岩溶洞形状的如皆为水月观音的第95龛、54龛、22龛及第68龛的布袋弥勒像。佛座为莲座的也有多种样式，其中绝大多数的样式为单纯的复瓣式莲花座，有的则为复瓣式莲花座并有亚字形承台如第35龛和第98龛；还有复瓣式莲花台并有缠枝相连的第59龛；单瓣多层莲花座的有第42龛、33龛及39龛，第36龛的释迦牟尼佛立像则为双脚各踩一莲台的样式。龛形也有多个样式，一般为深凿的四边平直长方形，有横向、纵向的差别，还有35龛和98龛的凸字形龛；券顶形龛也较多，有第36龛、42龛、92龛、22龛、54龛、33龛、86龛、80龛、45龛共九龛，另有一从底部到顶端渐趋尖而浅的舟形龛第39龛。元代汉传造像的背光则皆为素面圆形，有些造像有头光没有身光，有些两者皆有。而且汉传造像两者皆雕凿成凸起的平面，有别于梵式造像的有凸有凹。

飞来峰元代汉传样式的造像，在造像的形体上也有一些差异，形体的比例、体积的饱满程度也不尽相同，如同为观音立像，第44龛的念珠观音，头与全身的比例为1∶7左右；而第33龛的柳枝观音，头与全身的比例只有1∶5.5左右。同样有的造像体态匀称，线条流畅而富有韵律，如数龛的水月观音。有些则形体敦厚而丰满，如多龛的阿弥陀佛、释迦牟尼像，似有唐代造像的浑圆感，与山西五台山南禅寺大殿释迦牟尼佛有几分相像，与飞来峰五代、宋之造像相比，则更具体量感，更有张力，这当与元一代提倡师古、力追晋唐的风气是相一致的。[1]

---

[1] 元时书画皆尚古意，欲以古法矫正两宋之俗弊，"刻意学唐人，殆欲尽去宋人笔墨"，如赵孟頫认为："作画贵有古意，若无古意，虽工无益。今人但知用笔纤细，傅色浓艳，便自为能手，殊不知古意既亏，百病横生，岂可观也。吾所作画似乎简率，然识者知其近古，故以为佳。此可为知者道，不可为不知者说也。"这种崇尚古意之风，对当时的佛教造像也应有所影响。

第二节
梵式造像的特点及其来源

如前所述，飞来峰元代造像中的梵相与元两都、西夏具有共同的渊源，同肇源于西藏，皆可称作"西天梵相"或"西番佛像"。然西藏的佛教造像按其自印度传入的时间、途径、区域及传入后所形成的特点之别，又可分为藏西、藏中、藏东及藏传佛教传播区。[2] 但究其源头皆为 11 世纪起的克什米尔、东印度及佛教在印度衰亡后的另一处承继之地——尼泊尔。那么，此三地的梵相特点又如何呢？因其在西藏佛教造像形成过程中的重要性，现将此三处的造像特点以及受其影响的相应藏区的造像特点来加以分析，以明晰梵式造像的特点及其来源。

自公元 7 世纪印度佛教渐趋衰微，时在印度东北隅兴起的波罗王朝成了佛教在印度最后的辉煌，其境内著名的那烂陀寺、欧丹富多梨寺、超岩寺等成为弘传佛教秘密大法的中心。后历经五百年，终因伊斯兰教的入侵，寺院被毁，僧众星散，佛教在 12 世纪灭迹于印度本土，转存于尼泊尔、西藏各地。

佛教在东印度兴盛之时，由于大量密教寺庙的建造，密教造像也随之兴起。东印度造像的整体样式仍然承袭笈多马图拉的特点，并具有浓郁的密教造像色彩，吸收了印度教性力派的因素，造像也循事、行、瑜伽、无上瑜伽四部而加

---

[2] 金申先生在《藏传佛教造像的流派与样式（中）》（《收藏家》2002 年第 5 期）一文中将藏传佛教造像的流派及样式分为此四个区域，其他文章也有近似的分法，谢继胜先生在《西夏藏传绘画——黑水城出土西夏唐卡研究》中则认为："11 至 13 世纪卫藏和西部藏区艺术风格的划分实际上仍然是以青藏高原自然地理为依据……在整个后弘期藏传绘画的本地流派可以说还没有兴起，这一时期谈到西藏的绘画流派仍然为时过早。"

以表现。

整体造像线条流畅，比例匀称，佛陀着通肩式大衣，薄如蝉翼，躯干形体凸显，有序的 U 字形衣纹显示了与马图拉及萨尔那特造像样式几乎完全一致的特点。佛的肉髻高起而不尖锐，脸部刻画细腻，眉弓、眼睑、双唇的边缘皆有刻线以表现面的转折。手及脚的表现更为突出，柔顺的曲线使得肌肤的质感得到了恰当的表现。当然整体气息少了笈多时期造像的含蓄深沉及内涵的力量，显得轻柔而秀美，应是其更注重外在的表现所至（图 5.12）。菩萨像曲线柔美，腰部纤细，头、身、胯已有了早期三折式的表现，束发高耸，佩戴三叶宝冠，臂钏、手镯饰刻精细，裙上饰以双行刻线，其间刻有梅花图形。端坐的仰覆莲台座，上下边皆饰以连珠纹，莲瓣尖而微翘，有些莲座下还有多层多折角的承台。这些样式通过演化都在以后的密教造像中得到了承继。

东印度造像虽承继笈多时代的马图拉、萨尔那特样式，但经由发展而形成了流畅而秀美的曲线、细腻的五官及手足表现、外在装饰的精心刻画、样式的多变与华丽，等等。这些造像的特点及样式，随着佛教的传播以及佛教中心地位的转移而影响至尼泊尔、中国西藏。

影响西藏造像的另一重要地区为克什米尔。克什米尔位于南亚次大陆的西北部，中部有西段的喜马拉雅山，其东北接西藏，南面接印度，西通犍陀罗，是多种文化的交汇之地，佛教史上重要的第四次结集——"迦湿弥罗结集"即在此举行。

因地理因素，其造像受到多种风格的影响，从存世的这一地区的造像来看，既有犍陀罗风格影响下的斯瓦特地区的造像因素，又有印度笈多时代马图拉、萨尔那特造像风格的影响。具体表现在整体造像样式浑圆、丰满，体积感极强，与斯瓦特造像的形体的浑厚非常相像（图 5.13），只是少了斯瓦特造像的古朴，代之以稚朴之感。造像比例头部较大，宽额丰颐，耳大几近垂肩；白毫圆大，双眼张开，眼大因边缘刻线而轮廓分明，加之眼白嵌银，在脸部尤为突出；眉弓突起，眉毛高挑且长，并加以刻线；相比之下，嘴型则显得小巧。但一般整体表现较为含混（图 5.14）。

图 5.12　10 世纪，佛立像，东北印度 　　图 5.13　9 世纪，佛坐像，斯瓦特 　　图 5.14　8 世纪，佛立像，克什米尔

佛的造型圆浑，螺发平缓，肉髻适度，大衣则通肩式和坦右肩式两者皆有，表现手法既有犍陀罗风格襞褶较为厚重的衣褶表现，又有如马图拉、萨尔那特式的极浅衣纹的表现，或仅在造像的衣领、袖口及底部的边缘饰以纹样，以表示大衣的存在，但无论采用何种手法，内在形体的饱满是一致的。"晚期的佛陀也像菩萨一样戴冠和饰有项链、手镯等，这种在佛陀神格造像上加饰菩萨格的装饰，使佛陀也呈菩萨妆，即所谓装饰佛，是大约 8 世纪前后开始见于斯瓦特和克什米尔佛像的，以后此种装饰佛也不时可见于尼泊尔和西藏的佛像上。"[3]

菩萨饰以高冠，冠中常有代表菩萨身份的坐佛、佛塔、宝瓶等，也有正中饰以据称来自波斯萨珊王朝的弯月形。头型圆润，开脸与同区佛脸极为相似，慈眉善目。或常游戏坐、或结跏趺坐于台座之上。台座形式多样，有收腰型覆莲台座，花瓣肥厚，与斯瓦特风格相同；有垒石而成的图案化方形台座；还有与斯瓦特台座风格极为相似的狮子台座，下有覆莲及方形承台，形式较为复杂

---

[3]　金申：《藏传佛教造像的流派与样式》，《收藏家》2002 年第 4 期，第 33 页。

（此种风格的台座，在斯瓦特造像中极为常见，有些狮座两边还有力士，下部莲台有覆莲和仰覆莲两种样式，覆莲上部还饰有连珠纹）。菩萨上身坦露，下身着裙，裙纹的表现手法能看出犍陀罗风格的遗韵，饰有璎珞、臂钏、手镯，但纹饰一般较为简略、粗壮。

克什米尔地区的造像，整体样式圆浑，体态丰腴，肌肤饱满而具质感。但动态一般较小，如同为莲花手观音坐像，东印度则表现出优美的曲线，已有早期三段式的身姿（图5.15）。而克什米尔的莲花手观音坐像则坐姿较正，躯体少有曲线，两处造像的比例、形体的饱满程度也差距较大（图5.16）。这些造像特点都随着两地对西藏不同地区的影响而得以保留，并随着藏传佛教的传播影响至西夏、元代各地，在杭州飞来峰元代梵式造像中也可以看到对其风格的继承。

尼泊尔位于喜马拉雅山的南麓，北与西藏毗邻，其历史上曾为印度的隶属之地，与印度有较深的渊源，因此印度佛教造像样式的每一次变化，即刻会影响至斯土。同时又因其与西藏的地理、历史的关系，自唐代起，尼泊尔造像风格即已传至西藏（唐时，吐蕃王松赞干布妃子之一赤尊公主即为尼泊尔人，据传其入藏时即带来了大量的佛经及造像）。之后历代对西藏的造像风格多有影响。特别是公元1260年尼泊尔人阿尼哥应邀进藏，为藏传佛教萨迦派造寺建塔，后又赴元都，并在元两都画塑铸金无数，使得受尼泊尔风格影响的"西天梵相"，流传至元代各地，可谓影响至广。

尼泊尔现存最早的佛像创作于5—6世纪，即传承了笈多造像的风格（图5.17），7世纪时，东印度金刚乘兴起，也旋即传于斯土，石雕中已有了形体圆浑、以强调女性特征的丰胸宽臀的早期度母造像。8—9世纪，菩萨像则表现出笈多后期和东印度波罗王朝前期金刚乘的特质，体形多变且动态含蓄，腰臀间略有倾斜，但追求精细的尼泊尔特质已表露无遗（图5.18）。至10世纪，笈多的古典风尚已为波罗的修饰之风完全取代，初成三折式的立姿，并表现出与波罗造像风格追求修长体态的差异，表现为形体的丰厚、饱满。10—13世纪，是尼泊尔造像的巅峰之时，缘于12世纪印度佛教在本土的凋敝，佛教的中心转移

图 5.15　12 世纪，莲花手观音，东北印度　　　　图 5.16　10—11 世纪，莲花手观音，克什米尔

至尼泊尔，此地遂成为波罗佛教僧徒新的精神家园。这也促进了尼泊尔造像风格的进一步发展。

具体来看，早期的尼泊尔造像完全承继了笈多时代的马图拉、萨尔那特风格，气质典雅而古朴，神情静穆而含蓄，具湿衣法的表现特点，极少的衣纹刻画，使得造像胴体毕现。带有 591 年铭文的、出于尼泊尔的释迦牟尼佛造像是此时风格的典型例证，此像与笈多后期的造像如出一辙。8—9 世纪的尼泊尔造像则表现出造像形式多样化的倾向，有的以忠实于波罗风格为其主要特征，如修长的体态，秀美的线条、含蓄而保守的动姿、菩萨头戴三角形的三叶宝冠、着裙的双线刻纹，都显现出对波罗风格的承继。同时还有一种风格是在笈多萨尔那特样式的基础上融入了尼泊尔造像的因素，表现为形体壮硕，四肢丰满，比例较短，男性造像额宽颐方，肩膀宽阔，无璎珞、臂钏、手镯等饰物；度母面庞

图 5.17 591年，佛立像，尼泊尔

图 5.18 8—9世纪，金刚手菩萨，尼泊尔

图 5.19 10—11世纪，莲花手观音，尼泊尔

图 5.20 13世纪，莲花手观音，尼泊尔

饱满，慈眉善目，体态丰腴，乳房成球形且位置偏高，细腰宽臀，臂钏位置也较高。两像均重心落于一脚，身姿微成三折，整体造型简洁质朴。

10世纪以后，尼泊尔造像更加崇尚波罗的装饰之风，纹饰繁复的发冠，束冠缯带在冠边所成的扇形扎花以及垂肩的缯带、璎珞、臂钏、手镯以及下裙的褶子的样式都无不显示出波罗风格的影响。此时造像还有一个重要的特点，即在造像上镶嵌珠宝之风日盛（图5.19）。"尼泊尔人对宝石的喜爱，不仅可由实迹中获得印证，也见载于中国五代官修的《旧唐书》：泥婆罗国……其器皆铜……壁皆雕画……其王那陵提婆，身着珍珠玻璃车渠珊瑚琥珀璎珞，耳垂金钩玉珰，佩宝装伏突……宫中有七层之楼，覆以铜瓦，栏槛楹栿，皆饰珠宝。"[4]在造型上则表现出面额特别的宽阔、方颐，面部往往要到眉弓和颧骨的边缘才作转折，表现出倒梯形的样式。弯眉高挑，眼部造型也由睁开的杏形为半闭的似鸟之形，鼻梁直挺，口形比例适中，一般上唇较薄，下唇较厚，神情若有所思。整体比例较前期趋于匀称，已初具尼泊尔造像的风格。即肩部宽厚、胸部饱满、四肢圆浑，着裙薄透，饰有花样，一般仅在边缘有褶，腰间及胯部束有装饰带，男性菩萨立像右肩起有一链珠形圣带，自上而下与胯部饰带缠绕后再至右腿。三折式造型较前期更为明显。由于这一时期更重造像的外部装饰，前期尼泊尔造像的质朴感减少了，代之以饰纹的华丽与形体的曼妙之感。这些风格随着12世纪之后尼泊尔佛教地位的进一步提升而更趋成熟。

13世纪的造像风格除了因袭前代的特点之外，显著的变化是造像三折式的成熟，头、胸、胯的转折具有丰富的韵律感，形体更趋匀称，五官表现准确而细微，神情自若，面含微笑。饰物的表现与造型构成了有机的整体，已形成了尼泊尔造像理想美的典范样式（图5.20）。尼泊尔开始了佛教及其造像辉煌的时期，一是佛教自印度衰亡，中心自东印度转至加德满都台地；二是西藏佛教的兴盛，因地理上与藏南的接壤，使得众多技艺高超的纽瓦尔艺匠赴藏参与

---

[4] 葛婉章：《第三章　尼泊尔与西藏佛教造像艺术》，《金铜佛造像特展图录》前言，台北故宫博物院印行。

建寺铸金之事，又随着元朝对藏传佛教的崇信，尼泊尔人阿尼哥的入藏进京，使得尼泊尔造像风格远涉华夏腹地，这在元两都所遗存的造像及杭州飞来峰元代梵式造像中皆有充分的体现。

西藏佛教兴于公元 6 世纪的吐蕃王朝（581—842），因藏王松赞干布先后与尼泊尔及唐宗室通婚，佛法经像随之传入藏土，佛教信仰骤隆，此当为佛学入藏之始。迄于朗达玛毁佛灭法（838—842），佛教史家称之为藏传佛教的"前弘期"，"由文献史料可知当时西藏与克什米尔、东印度、尼泊尔、中国西域的于阗，乃至于中亚撒马尔罕等地，皆有往来，这些地方的外来艺匠，对西藏初期的佛教美术有推动之功"[5]。然经灭法，此期佛像早已荡然无存。直至 10 世纪后，藏土佛教才得以复苏，史为藏传佛教之"后弘期"。藏传佛教"后弘期"起于今藏西阿里地区的古格王朝。当时，古格王（智光）为兴佛法，曾遣僧二十一人赴克什米尔求法，历经磨难，仅有两人学成而归，并携三十二位克什米尔艺人同返，因此，早期藏西佛教造像深具克什米尔造像风格的影响。其后印度高僧阿底峡尊者，于宋仁宗景祐四年（1037），始于古格驻锡三年。[6] 也使得东印度造像风格传于斯土，并且"在尼泊尔西部考古出土的杜鲁石碑（Dullu Stele），复证实了帕拉（波罗）支系的卡西亚（Khasiya）王朝，曾一度统治尼西及藏西，东印度帕拉（波罗）王朝及尼泊尔的美术风格，也因此而传入古格、拉达克（Ladakh）一带"[7]。因此在藏西出土的 11、12 世纪的造像中常常能看到克什米尔和东印度两种风格的结合及多种风格的交融。

例如：识为 11 世纪后期的出于藏西的释迦牟尼佛坐像，造像浑朴，头部较大，线条简拙。其台座，在上下数层线角之中饰有狮子、大象及夜叉的造型，这些皆可看出来自克什米尔的影响。同时造像所表现出来的如质朴的圆浑感的减少、手脚及腰部形体粗细的变化、袈裟的笈多式的极少衣纹、采用红铜与肌肤黄铜的对比、有的台座上下联珠纹的表现，以及佛身下的坐垫的纹样都无不

5　同注 4。

6　吕澂：《西藏佛学原理》，第 42 页。

7　同注 4。

显示出来自东印度的影响。在另一件 12 世纪的藏西金刚手造像上我们同样可以看到多种风格，造像本身的稚拙、似孩童般的体形、纯真的容貌、眼仁嵌银的手法、拙朴的纹饰表现，都为克什米尔造像风格的承传。然而其台座，整齐排列的仰覆莲、上层边缘的联珠纹，则一眼即可辨认出是东印度的风格。发冠及璎珞中镶有宝石则可看出尼泊尔风格的影响。13 世纪后藏西造像表现出更多的东印度造像风格及样式的影响，如渐趋修长的体态、发冠束缯所成的扇形、下裙双线刻纹的表现等等。但是无论是造像形体的韵律感，还是纹饰的精美程度都不如东印度，仍然留有克什米尔的浑朴之感。

史载阿底峡尊者在古格传法三年后，即赴卫藏九年，巡化各方，"德行所感、上下归依"，卫藏佛教为之一振。时竞尚密乘，多派兴起，僧团寺院遍布藏土。加之卫藏的藏中、藏南历来与波罗王朝联系密切，其中尼泊尔为其主要路径，尼泊尔艺匠往来于此间，自唐以来未曾间断，因此早期藏中佛教造像皆依东印度样式，并兼有尼泊尔的造像工艺。

如 12—13 世纪藏中的金刚萨埵像（图 5.21），以游戏坐姿于莲座之上，其扭曲的身姿、全身的饰物、两边的莲花、身下的莲花坐、座边的联珠饰纹，以及造像的工艺、表面的处理，无不表现出与东印度波罗造像风格的一致，充分体现出这一地区造像承继的正统性。只是其造型不如波罗造像那么有韵律，在比例上头部过大使得造像显得稚拙，颜面宽阔、表情稚气，纹饰的刻画较为简朴，整件作品与波罗造像相比少了些精致，多了些粗放质朴。这应是这一时期藏中造像的主要特点。后期造像则更趋精致，充分显示了波罗与尼泊尔造像风格的影响，如形体的修长，曲线的加强，纹饰的繁复与精细等等。在造像的用材及手法上也逐渐形成了自己的特色，如"尼泊尔派铜像，多数鎏金并镶嵌宝石，帕拉派（波罗）属印度传统，鎏金极少，而代之以黄铜铸像的眼白、双唇及衣缘处，嵌银及红铜。然而两派铸像也都入境随俗，做了适当的修正改变：如尼泊尔鎏金佛几乎全用红铜，而西藏则红、黄铜并用，并在佛像的面部涂金或贴金箔，发色则于佛菩萨用蓝，护法用橘色。尼泊尔好用红、蓝宝石、翡翠

图 5.21　12—13 世纪，西藏金刚萨埵坐像

及水晶，而藏人偏爱次宝石类的绿松石、珊瑚及青金石。"[8]之后藏中因其在藏传佛教中的重要地位，此地的造像样式及特点随着佛教的传播而广泛流布。

藏东区包括康区和安东区，此地区13世纪之前的造像遗存较少。藏传佛教的传播区按传播的时间可分为三个阶段，第一阶段为8—9世纪的吐蕃时期，即公元781—848年，与吐蕃占领敦煌同期，藏传佛教也因此传播于敦煌，留下了数量众多的藏密造像遗迹。第二个阶段为10—13世纪，在此阶段，正是藏传佛教后弘期，又值西夏国的建立，西夏统治者对藏传佛教的信奉，使得藏传佛教教义及其绘画、造像在此得以流布，并逐渐形成了具有西夏风格的藏传佛教造像样式。第三个阶段是在元代，蒙元统治者吸纳了西夏对于藏传佛教的一些政策，使得藏传佛教得到更广泛的传播。至今留有包括安西榆林窟壁画、北京居庸关云台石刻造像、杭州飞来峰元代梵式造像等遗迹。这三个阶段的造像特点如何？相互之间是否有关？其与飞来峰元代梵像样式的形成关系又如何？有必要进一步加以探究。

在吐蕃统治时期的敦煌遗存中，我们今天能看到的皆为壁画和帛画，数量众多，这一时期的壁画中密教的内容及形象较前期大大增多，此时的莫高窟密教形象，一般因袭本地的盛唐因素，或是来自中原的新样，[9]但在壁画的某些局部和帛画中，我们还是可以看出来自吐蕃本土的影响，这种来自吐蕃本土的样式，其中还能分辨出来自印波罗王朝的影响和来自犍陀罗地区斯瓦特、克什米

8　同注4。

9　宿白先生在《敦煌莫高窟密教遗迹札记》一文中认为："就吐蕃侵据敦煌时期的莫高窟遗迹观察，似乎也分辨不出吐蕃本土影响。概其时河西在政治上虽与中原隔绝，但僧人佛事间的往来并未中断，所以，中唐时代莫高窟的密教形象，无论因袭本地的盛唐因素，或是来自中原的新样，都是一派唐风。"

第五章　飞来峰元代造像的样式特点及其来源

尔风格的影响。

吐蕃本土佛教造像经公元838年的朗达玛灭法，几近绝迹。拉萨大昭寺二楼东北角的壁画，应为吐蕃时期现发现仅存的遗物，[10]在与公元8世纪的敦煌帛画的比较中，则可以更清楚地看出其所绘制的时代。如现藏于巴黎吉美博物馆、出于敦煌的《不空罥索坛城》（图5.22）及敦煌第14窟《金刚母变》中的供养菩萨（图5.23）与大昭寺二楼东北角的《六臂观音》（图5.24）和《金刚界佛及狮吼观音》（图5.25）中的供养菩萨在比较中则可以看出其造型的一致性，表现的手法也极其相像。两地的供养菩萨皆比例匀称，线条柔美，体态优雅，神情宁静而安详，饰纹精美而适度，准确的双腿透视表现，马蹄形的背光，种种造像特征皆透露出早期波罗风格所具有的古典之美，而且这种表现手法在印度笈多时期的阿旃陀石窟中也可找到其原样。[11]

另一幅现藏于大英博物馆、出于敦煌千佛洞、背后有藏文题记的《金刚手菩萨》帛画（图5.26），造像样式则完全不同，没有了波罗风格的雅致，有的只是稚拙、粗放，形体浑圆、饱满，壮实而充满量感。缺少流动感的躯体正面表现，深色面部中的雪白的眼仁，让人联想起斯瓦特、克什米尔地区的造像特点，与公元6世纪的出于斯瓦特的《观音菩萨立像》表现手法极其相似（图5.27）。除了体态的相像之外，其裙裳皆表现为繁密的褶皱、同一方向的有序的排列，这种手法是犍陀罗衣褶表现的翻版与发展。同样，《金刚手菩萨》的莲花座花瓣的表现，简约宽阔的形状与斯瓦特地区的莲座也如出一辙。《金刚手菩萨》帛画眼仁的表现则与克什米尔造像眼仁嵌银的手法所表现出的效果完全一致。

---

10 谢继胜先生在《西夏藏传绘画——黑水城出土西夏唐卡研究》第205页中指出：大昭寺现存的壁画残片似乎都是断代在11至12世纪。威他利引用文献将大昭寺最早的壁画描述为令人惊叹的自生的、后来由纽瓦尔艺术家扩展和完成的作品，同时仍有一些作品是松赞干布本人所绘。的确，大昭寺最早的壁画有可能是尼泊尔艺术家的作品，就像今天仍然留存的10世纪的木雕，近来有人指出，大昭寺的一些壁画，如坐像如来与胁侍，就是7世纪遗存的作品。于小东先生称曾亲历现场并临摹其中的一些局部，在《藏族绘画风格史研究》中经过比较，指出其中即有印度波罗风格的影响，还有来自汉族的影响。

11 于小东：《藏族绘画风格史研究》，江苏美术出版社，2006年，第24—36页。

图 5.22 中唐，供养菩萨，敦煌帛画坛城局部

图 5.23 中唐，敦煌第 14 窟《金刚母变》局部

图 5.24 吐蕃时代，六臂观音

图 5.25 吐蕃时代，《金刚界佛及狮吼观音》局部

图 5.26　9 世纪，《金刚手菩萨》帛画，大英博物馆藏　　图 5.27　6 世纪，观音菩萨立像，斯瓦特

以上分析可以表明，吐蕃时期，藏传佛教造像样式业已影响至敦煌莫高窟，而且其表现手法多样，既有来自吐蕃卫藏中心的波罗风格，也有来自犍陀罗地区斯瓦特、克什米尔风格。这充分表明了藏传佛教造像自吐蕃时起即已受到来自多个地区造像风格的影响。同时，随着藏传佛教的传播而流布于各地。同样，在藏传佛教第二阶段的传播地西夏，也能看到这一特点。

吐蕃与党项因战争的原因，自公元 7 世纪起即互相往来、杂居共处，藏传佛教也因此在吐蕃时业已传入斯土。朗达玛灭法后，为避法乱，藏地僧俗多徙于此，

121

图 5.28　11 世纪，干漆夹纻彩绘菩萨像　　　　图 5.29　元，供养菩萨像，敦煌第 465 窟窟顶

继续弘法。待西夏建国，此地仍多居吐蕃之人，语言习俗的相类使得"11世纪后弘期初年复由阿里等地进入卫藏的修行上乐金刚、金刚亥母本尊坛城的密法几乎同时能够在西夏的广大地区流行"[12]。有一件现藏于华盛顿弗利尔美术馆的《干漆夹纻彩绘菩萨像》（图 5.28），精美绝伦，碳同位素测年所得的数据在 990—1230 年之间，但仍被定为 13 世纪后期或 14 世纪初期的阿尼哥风格。[13] 这件造像显然与来自尼藏的所有其他同时代的造像在风格材料上有明显的差异。但是它与另两件出自印度波罗地区的定为 11 世纪的弥勒菩萨坐像和观音菩萨坐像在表现手法上极其相似，与敦煌第 465 窟窟顶南坡的供养菩萨像壁画在气息及表现手法

---

12 谢继胜：《西夏藏传绘画——黑水城出土西夏唐卡研究》，第 194 页。
13 ［瑞士］米夏埃尔·汉斯：《萨迦——元时期尼藏与藏汉金属造像存在阿尼哥风格吗？》，《故宫博物院院刊》2007 年 5 月总 133 期，第 63 页。

上也有相像之处（图5.29），整体气质仍具有笈多时代静穆的古典之美，纹饰华贵但不夸张，浅浮雕式的表现恰到好处，所有的细节皆与身体和谐而成为一个整体，而且面相也保留了印度民族的特征。与其他典型"尼藏"风格的造像在气质上迥异，表现手法上也相去甚远。因此笔者认为碳同位素所测得的造像造作年代是可信的，应为11世纪初纯粹波罗风格的造像。笔者在对这几件风格相近的造像、敦煌第465窟壁画、早期卫藏的拉萨大昭寺二楼东北角的壁画的比较后认为，敦煌第465窟的藏密造像应断代为11世纪后弘期初期的西夏，而非现所断定的蒙元时期的遗迹，或断代为吐蕃窟。[14]并且从敦煌第465窟藏密造像绘制的风格来看，极有可能是由来自东印度波罗的艺匠亲自绘制而成的。这更说明了西夏与卫藏在佛教传播中的密切关系，而且这种表现方式在后来的杭州飞来峰梵像中也能看到，这也同样表明了杭州飞来峰梵式造样式与西夏的渊源关系。

西夏的造像风格，我们则可以看出有两类大的倾向。如同为释迦牟尼佛像，有一类是体态圆浑，短颈丰肩，头部较大，发髻平圆，具有特别宽大的前额，这与此前所引来自藏西古格的11世纪《释迦牟尼佛》坐像极其相像，可以明显看出其中的承传关系（图5.30、图5.31）。但造像五官的局部表现、衣饰及佛座等为卫藏风格。同样主佛两旁的胁侍及同区的《莲花手菩萨》立像，其圆润的躯体、缺乏动势的稚拙的四肢表现，可看出都与此前所引出于敦煌的吐蕃时期的《金刚手菩萨》具有同样的渊源，皆来自斯瓦特、克什米尔风格的影响及受其影响的藏西古格地区。

另一类造像样式则表现为体态匀称，颈部较长，颜面各部比例适中，特别是发髻高而尖（图5.32）。这种发髻的样式在印度佛教造像中似未曾发现。在一件公元9世纪印度波罗时期的《经典抄本封套》上，我们同样可以看到释迦牟尼佛的发髻也为低平的圆形，说明波罗时期似未有此种样式的发髻行世。但是从传为公元9世纪来自尼泊尔的弥勒佛坐像及以后的多件尼泊尔造像中我们都发现了这种发髻的样式，说明这种高而尖的发髻样式不是出自波罗，而是来

---

14 这一点谢继盛先生在《西夏藏传绘画——黑水城出土西夏唐卡研究》第414页中也有相似的结论。

图 5.30　西夏，金刚触地释迦牟尼佛　　图 5.31　11 世纪后期，佛坐像，藏西古格

自尼泊尔。同样在西夏，表现在另一些造像题材上的比例修长、线条曼妙、饰物及饰纹繁复的样式，也应是来自尼泊尔造像风格的影响。因此可以看出，此类造像风格是印度波罗风格与尼泊尔风格的结合并经卫藏发展而形成的。这类风格传播至西夏后，成了此地造像的主流，在众多的释迦牟尼佛、阿弥陀佛、药师佛、观音、佛母、上乐金刚及金刚亥母等造像中皆可看到。

因此西夏的藏传佛教造像样式，也同样表现出来自卫藏和藏西两种风格的影响，可惜今天我们只能看到存世的壁画和唐卡，少有西夏的雕像可以作为比较。但在传统艺匠中，绘塑本来就是一体而不分的，有时造像是以绘画作为粉本进行塑造的，这从《元史》中对阿尼哥的描述中，称其"长善画塑，及铸金为像"即可知道。因此，从对西夏的壁画及唐卡造像样式的分析就可清楚知道其造像的整体面貌。

藏传佛教传播的第三个阶段是在元代。这次传播因元皇室的积极参与，礼遇崇高，声势浩大，又因元朝的大一统，跨越的疆域也最为辽阔，从西北的西夏故地到中原、元两都，直至江南的杭州。造像的样式也因尼泊尔人阿尼哥

的到来，使得"西天梵相"的
造像样式流布于两京内外，盛
极于一时。但因时代的变迁，
至今两都的梵像几近不存，由
阿尼哥主要设计、帝师亦怜真
参与设计的妙应寺白塔及其中
的造像，今也仅剩白塔。居庸
关云台石刻造像，为今天北京
可见的唯一的元代石刻造像遗
存，其始建于至正二年（1342），
历时三年，于至正五年（1345）

图 5.32　西夏，金刚触地释迦牟尼佛

完工，[15] 而其时与阿尼哥辞世的大德十年（1306）[16] 已距近四十年。居庸关云台的建造，是由元顺帝直接提议，并由元帝"辍内帑之资，以助营造"的，创建的班底钦定了包括左右丞相在内的重臣，其中还有帝师喜幢吉祥贤。[17] 据考证，居庸关云台与妙应寺白塔的主要内容、整体布局十分相似，这当与两处皆由萨迦系帝师主持设计建造有直接的关系。[18] 因此我们可以以此为依据，结合元代遗存的吉金铜像了解元时大都"西天梵相"样式的一些特点。

15　熊文彬在《元代藏汉艺术交流》第 96 页云：据《顺天府志》所引《析津志》和《松云闻见录》所引欧阳玄奉敕所撰《过街塔铭》，居庸关过街塔始建于至正二年，即 1342 年……同时按云台西壁所镌汉文《如来心经略抄》末署名"至正五年（1345）岁次乙酉九月吉日，西蜀成都宝积寺僧德成书"之铭文可知，居庸关过街塔历时三年而成。

16　程钜夫：《雪楼集》卷七《凉国公敏慧公神道碑》《四库全书·集部一四一·别集类》卷一二〇二，上海古籍出版社影印本，第 84 页载："大德十年闰正月甲午，顾左右曰：'我若瞑目，当帏堂设榻，使我安寝以逝。'翌日，沐浴而朝，朝退示疾。中使御医相属。丁酉竟薨于寝……寿六十有二。"

17　帝师喜幢吉祥贤作为负责和设计者出现在云台五体铭文中，欧阳玄《过街塔铭》中未曾提及。

18　宿白先生曾在《文物》1964 年第 4 期第 22 页《居庸关过街塔考稿》中对两处进行了详细的比较，并认为："两塔之差异，只在繁简，过街塔系摄其主要内容，在取意上并与白塔无殊。概此两塔同建于元代，同有西藏萨迦喇嘛之参与设计，故其'排布庄严'自当同出一源。"

图 5.33　元，大鹏、龙王浮雕居庸关过街塔券门局部

图 5.34　元，飞来峰第 78 龛七头龙王浮雕

居庸关云台石刻造像的特点是"显密并用,汉梵并举",形式则皆为浮雕(图5.33)。藏密梵式造像包括南北券门两侧的六拏具、云纹、卷草纹和交杵金刚等装饰纹样,及券顶部分的十方佛和贤劫千佛;汉传造像部分为门券内左右壁面的四大天王。南北券门两侧之六拏具从上至下依次为:大鹏鸟、龙王、摩羯鱼、童子、兽王、大象,这些在藏传佛教中皆有相应的吉祥之意。[19]在一件出于东印度波罗地区12世纪的铜像中,环绕主佛的装饰即是表现此主题。这说明此母题来自波罗王朝,后作为藏密装饰题材也常有运用,如修建于1280年的萨迦南寺中也有塑造。六拏具中的七头龙王之像,在杭州飞来峰第78龛的元代造像中有单独一尊(图5.34),差别为此处龙王为四肢完整的人身且尾部长出龙身,而飞来峰则为无双足之人身龙尾造型。似乎人身龙尾的造型更为普遍,如萨迦南寺的龙女即为人身龙尾造型。

券顶的十方佛,以左右两排各五尊的方式排列,佛与佛之间一贤劫千佛相隔而成长方形。十尊佛像有三种手印,分别为:双手当胸作说法印,双手当胸作转法轮印,右手作与愿印、左手作禅定印。整体造型皆为:比例停匀,宽额丰颐,螺发高髻,阔肩右袒,衣褶宽厚,结跏趺坐于莲座之上。莲座为仰覆莲式,且莲瓣上且饰有多层的花纹,上层边缘饰以变化的云中带珠纹,莲座之下还有承台。头光、背光皆成马蹄形,之外还有莲花及卷草纹环绕而成的大背光。造像舒展饱满、端坐祥和(图5.35)。在此处再次可见如西夏的一些佛像的高而尖的螺髻,这正是本文之前我们所论述过的典型的尼泊尔风格。而且造像体态匀称,肩膀宽阔但不丰厚,头部比例适中,这些都表现出尼泊尔风格的影响,这种风格在同时的吉金造像中也可看到,现藏于故宫博物院的元代吉金造像,有确切纪年的共两件,一件为有大德九年(1305)铭文的《文殊菩萨像》,另

---

[19]《造像量度经》中有云六拏具者:一曰伽噌拏,华云大鹏,乃慈悲之相也……二曰布啰拏,华云鲸鱼,保护之相也。三曰那啰拏,华云龙子,救度之相也。四曰婆啰拏,华云童男,福资之相也。五曰舍啰拏,华云兽王,自在之相也。六曰救啰拏,华云象王,善师之相也。是六件之尾语俱是"拏"字,故曰六拏具;又以合为六度之义。李鼎霞、白化文:《佛教造像手印》,北京燕山出版社,2000年,第52—53页。

图 5.35　1342—1345 年，居庸关过街塔券顶十佛之一

图 5.36　元至元二年，释迦牟尼佛造像，故宫博物院藏

图 5.37　元，阿閦佛像，首都博物馆藏

图 5.38　1305 年，文殊菩萨像，故宫博物院藏

图 5.39　元，般若佛母，飞来峰第 87 龛

一件是至元二年（1336）的《释迦牟尼佛造像》（图 5.36），[20] 两像在整体气象上与居庸关云台十方佛相像，皆表现出形体匀称，线条流畅，细腰舒腿。大德九年（1305）是阿尼哥离世的前一年，《文殊菩萨像》的特点应是很具有代表性的，其头部稍大，但比例仍协调，各部皆无粗壮之感，线条显得柔美、温润，其中的镶嵌似采用红蓝宝石，而不是卫藏喜用的绿松石、珊瑚等，因此，此件作品应是带有尼泊尔风格的卫藏"西天梵相"的典型，可与居庸关云台造像互证，以确定元时两都盛行的造像特点。同时，现藏于首都博物馆的元代《阿閦佛像》让我们再次看到了藏西古格风格的短颈丰肩的造像特色，说明元时两都的梵像应是尼藏风格主导下的两种风格的同时存在（图 5.37）。

再将元两都的造像与飞来峰造像进行比较则可以看到，1305 年的《文殊菩萨像》与杭州飞来峰元代梵式造像中的第 87 龛的《般若佛母》[21] 非常相像（图 5.38、图 5.39），在造型上可谓如出一辙，皆头戴五叶冠，缯带在两耳边成扇形，另有缯带卷曲上扬，圆形珥珰垂于双肩，璎珞、臂钏、手镯刻画精细，双手当胸，手中莲茎自臂环绕而上，齐肩盛开。

《般若佛母》的花上则有般若经卷。但在璎珞、臂钏、手镯等饰物的表现手法上却有所不同，《文殊菩萨像》的饰物表现较为突出。而飞来峰元代《般若佛母》在表现手法上与此前所提到的现藏于华盛顿弗利尔美术馆的《干漆夹纻彩绘菩萨像》是一致的，饰物以极浅的浮雕形式加以表现，在两米左右的雕

---

20 《文殊菩萨像》为铜镀金，高 18 厘米，座底部镌文云："奉佛高全信一家，舍财造文殊师利一尊，报答父母养育之恩，一切众生共成佛道，大德九年五月十五日记耳。"《释迦牟尼佛造像》为青铜，高 21.5 厘米，像背后题记为："出家释子智威睞，丁男仲仁贵、仲仁智、仲仁谦，倍眷杨氏单奇一家善眷等，发心铸释迦佛。一家向去诸佛，加被星天，护持此世来生，福报无尽。岁次丙子至元二年八月望日谨题。"王家鹏：《藏传佛教金铜佛像图典》，文物出版社，1996 年，图版 317、318，铭文引自第 502—503 页图录。

21 尕藏编译：《藏传佛画度量经》，青海人民美术出版社，1992 年，第 164 页《般若佛母》："般若佛母是般若波罗蜜多之化身，般若为智慧，智慧是诸佛、菩萨之母。般若佛母慈祥端庄，身体和面部皆为黄色，双手当胸持莲花茎，莲花齐肩盛开，花瓣上有诸佛之般若经卷，身穿天衣，项戴珍宝项链和珍宝璎珞，结金刚跏趺于莲座中央。"高念华先生在《飞来峰造像》第 185 页中识为救度佛母坐像。

图 5.40　元，释迦牟尼佛，飞来峰第 43 龛　　图 5.41　西夏黑水城金刚座触地释迦牟尼佛

像上，饰物厚度仅在半厘米左右，完全与身体融为一体，使得造像不因装饰而显得琐碎，充分体现了造像的整体造型，并且又使得造像因有装饰而更为丰富。这说明西夏、元两都、杭州飞来峰在梵式造像的特点上并无本质的区别，如前所述，应同为藏区"西天梵相"延续与发展。

飞来峰元代造像的镌造年代为至元十九年至二十九年（1282—1292），为同期有确切纪年的遗存最集中的元代石窟造像，其中的梵相更因少有其他同时代的窟龛造像可以比较，显得尤为珍贵。飞来峰梵相的题材可分为佛部、菩萨部、佛母、护法、主师和僧人。

在梵相佛部中，无量寿佛有六座单龛，一座以文殊和救度佛母为胁侍的双龛；释迦牟尼佛四龛，药师佛一龛，[22] 金刚界五佛中的东方不动佛一龛。[23] 在这

22　此龛高念华先生在《飞来峰造像》中识为宝生佛坐像，兹从赖天兵先生所识。
23　同上。

第五章　飞来峰元代造像的样式特点及其来源

图5.42　元，四臂观音，飞来峰第40龛

图5.43　宋代吐蕃时期10—13世纪，四臂观音

些佛的造像中，我们可以看到亦如西夏在佛部造像中所具有的特点，有两大类、三种表现特征。其中大多数的佛像为受尼泊尔风格影响的卫藏中心样式，躯体各部比例较为匀称，无特别壮硕之感，如第89龛、94龛、81龛、37龛，皆表现出这一样式的特征。如第89龛的无量寿佛坐像，头部比例匀称，螺发高髻，面部停匀，宽额但较适中，舒眉宽鼻，凤眼小嘴，神态内省而祥和，颈部明显，肩胸圆润，舒腿结跏趺坐于莲台之上。

另一类如第43龛（图5.40）、83龛的释迦佛坐像，造像整体气息丰厚敦实，头部比例较大、宽额丰颐突出，臂膀及前胸丰满壮硕，身着宽边素朴贴体的袒右袈裟，腰腿皆浑圆饱满，与西夏黑水城所出的现藏于俄罗斯艾尔米塔什博物馆、编号为X2323及编号为2326的《金刚座触地印释迦牟尼佛》（图5.41），以及莱因和瑟曼编《智慧与慈悲》图版135的相同题材的三幅唐卡造型形神皆似。[24]

---

24 谢继胜：《西夏藏传绘画——黑水城出土西夏唐卡研究·彩版图集》，第7—9页。

131

与前所引之现藏于首都博物馆的元代《阿閦佛像》也有相像之处。同时第66龛的东方不动佛，这种头戴宝冠、双耳垂珰、胸佩璎珞、臂膀环钏、腕戴手镯，在佛像上饰以菩萨装束的"装饰佛像"样式也是来自克什米尔造像风格的影响。这些皆体现出藏西古格造像风格的影响与承继。

还有一些如第29龛、41龛、64龛、77龛、88龛、99龛的造像则表现出介于前两者之间的特点，充分体现出飞来峰造像相比于同期其他地区的造像，显得整体体量感更强、形体更加饱满的特点。这也往往是鉴别造像镌造时间先后及地区不同的重要依据，这一特点在与居庸关云台十方佛的比较中即有明显的体现。

菩萨部的梵相造像有四臂观音三龛，其中第40龛原为三尊的合龛（图5.42），今仅剩中间的四臂观音，四臂观音之胁侍原有文殊菩萨与金刚手菩萨或为左侍六字大明佛母和右侍持宝菩萨。赖天兵先生在《飞来峰纪年藏传四臂观音三尊龛造像初探》一文中，对现存之残缺龛形及飞来峰其他文殊菩萨造像的龛形在经过比对后认为，现存的右龛形内无法镌造右手握剑、高举过肩的文殊菩萨像。这一结论是合理的，因此认为，现所缺两像应为"左尊为六字大明母，右尊为持宝菩萨的可能性极大"。其实，在识为10—13世纪的现藏于北京首都博物馆的金铜造像中就已经出现了四臂观音的形象（图5.43），从佛台、背光等可断定此造像来自东北印度，而且与飞来峰的四臂观音样式已是非常接近，皆头戴宝冠，缯束成扇形置于两耳，两臂当胸，行礼敬印，左上臂持莲花，右上臂持念珠，裸上身，并饰璎珞、臂钏、手镯，下裙贴体的双螺纹线刻饰都极为相似。虽其中也有一些差异，如宝冠样式、形象特征、缯束大小有所不同，飞来峰四臂观音饰有仁兽皮络腋[25]，等等，应为时代及地域之不同所致，说明此样式在11世纪的后弘期亦已由东北印度传入卫藏，后再传至各地，直至13世纪达于飞来峰。

---

25 《造像量度经续补》中对此动物种类、习性、名称的由来及"仁兽"皮的披法都有论述。赖天兵先生在《飞来峰纪年藏传四臂观音三尊龛造像初探》一文中认为此像中的披法与《造像量度经续补》不一致，应是受汉传造像影响所致。

第五章　飞来峰元代造像的样式特点及其来源

图 5.44　元，金刚萨埵菩萨坐像，飞来峰第 53 龛

图 5.45　8—9 世纪，金刚萨埵，克什米尔

图 5.46　9 世纪，金刚萨埵，尼泊尔

图 5.47　元，金刚萨埵，首都博物院藏

133

图 5.48　元，救度佛母坐像，飞来峰第 100 龛　　图 5.49　8 世纪，度母像，东北印度

　　第 56 龛的文殊菩萨，最大的特征为右手持剑、置于头顶。此造型在被断为 10 世纪的克什米尔铜像中已经出现，后又在同一区域再次出现，此样式后成为藏密妙龄文殊的特征。飞来峰此像与克什米尔原型在动态上没有太大的变化。表现手法上，克什米尔显得更写实，而飞来峰则用波罗后期及尼泊尔的手法来表现躯体，较为概括，忽略了躯干细节的表现。

　　金刚萨埵，佛经《五秘藏诀》载："五佛为冠，背倚月轮，坐白莲华，右手持五智金刚杵安于心上，左手执般若波罗蜜金刚铃按胯上。其身白色也。"又称："金刚萨埵者，即是普贤大菩萨异名也。"[26] 飞来峰第 53 龛金刚萨埵菩萨坐像与此仪轨相合（图 5.44）。在所见的金刚萨埵古金铜像中，最早的是公

26　高念华：《飞来峰造像》，第 189 页，第 53 龛金刚萨埵菩萨坐像图版说明。

图 5.50　7—8 世纪，度母立像，尼泊尔　　图 5.51　13 世纪，绿度母，纽约，鲁宾美术馆藏

元 8—9 世纪出自克什米尔造像（图 5.45），飞来峰的金刚萨埵与其动态几乎一致，左右手持物及放置的位置皆如佛经仪轨中所说，而且又都结半跏趺坐于莲座之上，右脚下垂置于莲托。这种样式在 11 世纪出现的多座金刚萨埵造像中皆改为结全跏趺坐了，在定为 9 世纪出于尼泊尔的金刚萨埵也是结全跏趺坐（图 5.46），11 世纪东北印度有立像，12 世纪东北印度有结全跏趺坐，因此我们有理由认为飞来峰此种结半跏趺坐的金刚萨埵似也应是来自克什米尔造像样式并经藏区或西夏的发展而形成的。其形体的表现手法则与首都博物馆所藏之元代金刚萨埵像近似（图 5.47）。

飞来峰梵相的第三类是佛母（图 5.48）。佛母是藏传佛教造像中重要的题材，我们之前亦已讨论过，在西夏、元两都及杭州飞来峰皆有此造像题材。飞

图 5.52　1073 年,《八千颂般若波罗蜜多心经》,绿度母经卷插图

图 5.53　1261 年,绿度母唐卡,(传)阿尼哥,克里夫兰美术馆藏

图 5.54　元,尊胜佛母,飞来峰第 84 龛

图 5.55　西夏,佛顶尊胜佛母

来峰造像中此题材中有绿度母三龛、大白伞盖佛母一龛、尊胜佛母两龛、般若佛母一龛,以及摩利支天两龛。

度母作为观世音菩萨的化身在西藏地区被认为是女性善良的化身。松赞干布的两位妃子,文成公主和尺尊公主即被看作是白度母和绿度母的化身。度母通常呈坐相，但作为观世音和重要神灵的胁侍时成立相。白度母作为观世音的佛母，又常侍立于观世音的右侧，但作为单尊造像时，则呈坐相，结跏趺坐，右手作慈悲印，左手持莲花茎并作安慰印。绿度母常以游戏坐坐于莲台之上，右腿外展下垂，脚踩小型莲台。就现有的度母造像资料来看，东北印度的8—10世纪的度母吉金像皆为结跏趺坐的度母（图5.49）；克什米尔10—11世纪出现的度母为立像；尼泊尔7—8世纪、10—11世纪、13世纪的度母也皆为立像（图5.50）；13世纪后，结游戏坐的绿度母骤然增多，现藏于北京首都博物馆的元代金铜像中有多尊成游戏坐的绿度母，纽约鲁宾美术馆藏有来自西藏的13世纪绿度母（图5.51）。绘画中的度母，最有代表性的是印度比哈尔出土、断代为1073年的《八千颂般若波罗蜜多心经》绿度母经卷插图（图5.52），巴尔的摩福特藏品中的绿度母唐卡，西夏黑水城所出的缂丝绿度母，克里夫兰美术馆藏传为阿尼哥所绘的绿度母唐卡（图5.53），以及安西榆林窟第四窟北壁西侧元代绿度母壁画。从中我们可以看出，早期的度母似只有结跏趺坐和立相两种样式，直到11世纪末期才出现结游戏坐的绿度母样式，因此样式与结游戏坐的观音极为相似。又考虑到度母与观音的关系，因此推测结游戏坐的绿度母样式当出自对游戏坐观音样式的变化。自后弘期传至卫藏，后经尼藏艺匠的发展而成了现今所见的绿度母样式。但从各个时期的造像特点还是能看出其中的演变。如印度比哈尔出土的绿度母造型极似莲花手观音，表明了绿度母样式的来历，而且造型朴实，与东部印度所出之10世纪度母金铜像在气质上也很一致，有古朴之美。而巴尔的摩福特、西夏黑水城、克里夫兰美术馆藏、纽约鲁宾美术馆等处的绿度母则表现出同时期在样式上的一致性，皆为经尼藏再次创作后的样式，特点为比例匀称，形态婀娜，线条流畅，刻画精细入微。此时，结游戏坐的绿度母样式已经成熟。飞来峰的绿度母即是直接承继了这种早期卫藏样式，与纽约鲁宾美术馆藏之绿度母在整体样式上是一致的，装饰物的表现手法也很相像，头带五叶冠，缯带飞扬，耳垂珥珰，身饰璎珞臂钏，左手持莲，右手作慈悲印，下身着裙，饰以双线螺纹，结游戏坐于莲花座上。只是飞来峰的绿度母表现也同样表现出作为飞来峰元代造像的整体特征，即丰腴浑朴。

　　同样在飞来峰的其他题材的佛母中，我们也能看到早期卫藏风格的再现。飞来峰有两尊佛顶胜佛母坐像，即单尊的第96龛和第84龛的佛顶尊胜佛母九尊坛城（图5.54）。佛顶尊胜佛母的信仰起于唐代，经善无畏和不空的译经及弘传，即广为流布，后中原虽经战乱而多更迭，但此信仰不断。藏传佛教中虽有此佛母之崇拜，但今所存之佛顶胜佛母造像，似多为西夏时遗物（图5.55）。飞来峰佛顶尊胜佛母坐像在造像样式上与其很是相像，佛顶尊胜佛母皆置于塔龛之中，为三面八臂，主臂右手当胸持金刚杵，左臂持羂索作法轮印，另三右臂从下至上分别为置右膝作与愿印、持箭和托举化佛，左手从下至上分别为作禅定印并持宝瓶、持弓和结无畏印。结跏趺坐于莲座之上，下有亚字形承台。左右两侧分别侍立金刚手菩萨和观音菩萨。其外两侧镌有四方的守护神，其中"东方为不动明王，南方为吒枳明王，西方为鹿王，北方为大跋蓝。四位神灵左手皆持绳套，作期克印，右手持物分别为剑、金刚杵、木杖和剥皮刀"[27]。塔顶两边持明手持甘露瓶和长寿草驾云而来，坛城四周饰以卷草纹和藏经。但仔细查看，有些样式因地域及时间的先后而有所差异。如塔的形状，在西夏黑水城出土的乾祐十四年（1193）汉文《顶尊胜相总持经》卷首雕版佛顶尊胜佛母像及贺兰县方塔出土的佛顶尊胜佛母像中的塔形皆与飞来峰第84龛佛顶尊胜佛母中的塔形有所不同，而藏于大都会博物馆的断代为卫藏早期的佛顶尊胜佛母像中塔形则与飞来峰相同，皆为藏传噶当觉顿式佛塔，而且画面的整体构成也很相像，这也再次说明了飞来峰造像样式与卫藏风格的渊源。

　　综上所述，飞来峰元代梵式造像有两类造像特点：一类为受斯瓦特、克什米尔风格影响的藏西古格造像样式的影响，即整体表现出头部比例较大、面额特别宽阔、肩胸浑圆、体形壮硕等特点；另一类则是表现为整体比例协调、躯体各部体量匀称、线条流畅的受东印度波罗风格影响下的尼藏样式的延续。这两类特点及造像样式皆从藏区传出，经西夏或元都而由来自西夏的萨迦系僧人

---

27 谢继胜：《西夏藏传绘画——黑水城出土西夏唐卡研究》，第97页。

杨琏真伽等传播至杭州，而且从飞来峰梵相的浑朴及一些细节中都能看出，飞来峰梵相所汲取的样式应是在时间上较早的11—12世纪藏区或西夏的样式，这一点在飞来峰梵相的莲花座上也能得到体现。这种简洁宽阔的复瓣、边缘无翘头的莲花座样式及多层的亚字形承坛都可追溯到12世纪之前的卫藏，甚至在9世纪的尼泊尔造像中看到相似的样式。同时飞来峰元代造像与西夏遗存唐卡在许多造型上表现出很大程度的相像，如汉传造像中的莲花座，第43龛、83龛的释迦牟尼佛坐像以及第75龛的多闻天王像等等，都能在西夏的绘画中找到几乎一致的原样，这都说明了当时应有来自西夏或元都（因元都的梵相今已不存，只可权作推测）的粉本作为造像的依据，这点在之前所引的飞来峰第89龛，至元二十六年（1289）的《大元国杭州佛国山石像赞》题记中，在对飞来峰元代造像过程的描述时曾载"其一佛二佛，凸起模画样"，此处即点明了当时飞来峰元代造像的镌成，好像佛像的画稿变成了立体的造像而凸显出来，这应是当时的真实写照。同时就飞来峰造像梵相特点及样式的纯粹性来看，当时应有来自西夏或元都的艺匠，而非单有本地匠人镌造而成。这一点在飞来峰的一些元代造像中所表现出来的汉传、梵相造像元素的成熟运用、天衣无缝的结合也可得到印证。

第三节
汉梵并用的造像特点

杭州飞来峰汉梵并用的特点,除了有单纯的表现汉传题材的造像样式和藏密题材的梵相样式之外,其中还有一些是在同一座造像中融合了两种造像样式,即在汉传造像中有梵相的因素,或在梵相中有汉传造像的特点。

在梵相中有这一特点造像,如位于冷泉溪南岸崖壁上的第77龛的无量寿佛坐像(图5.56)。此像本为一龛典型的梵式造像,但观其头部,顶部螺发只有双层,并无梵式造像顶髻所应有的双层罗之上的宝珠顶严,此当为汉传样式。再观其容貌,面庞圆润,容相慈悲,额部也非梵相所应有的宽额,若不见其身及莲座,与其他汉传造像头部并无二致。

飞来峰元代造像中,四臂观音造像有三尊,皆为梵式造像,其中第40龛与第65龛样式几乎完全一致,为典型的藏传佛教造像样式。第98龛的四臂观音虽整体姿态仍与另两龛造像样式相同(图5.57),如前两臂当胸合十,后左手持念珠,后右手持莲花,结跏趺坐于莲花座上,但其所戴之五叶冠已经变化,削弱了五叶的形状而更趋于汉传造像菩萨宝冠的样式,造像身披帔帛,天衣交错,衣帛皆如汉传造像的样式,被刻画得轻柔薄透,与菩萨像慈悲祥和全然汉式的面相结合得浑然一体,一眼望去,极似一尊汉传造像。

第91龛密理瓦巴和二侍女像(图5.58),是表现印度八十四位大成就者之一的密理瓦巴(其名有多种汉译,为毗卢婆、费卢波、比瓦巴、毗瓦巴、比尔哇巴和布日哇巴等)。这是国内所见同类题材中有题记的最早的造像,以表现密理瓦巴在达迦梨达以定日获取卖酒女酒肴的场景。因密理瓦巴被视为藏传佛教萨迦派教法中道果法的印度祖师而镌造于此。龛中密理瓦巴像残损严重,

第五章 飞来峰元代造像的样式特点及其来源

图 5.56 元，无量寿佛坐像，飞来峰第 77 龛 　　图 5.57 元，四臂观音坐像，飞来峰第 98 龛

图 5.58 元，密理瓦巴和二侍女像，飞来峰第 91 龛

图 5.59　元，佛坐像，飞来峰第 37 龛　　　　图 5.60　元，阿弥陀佛坐像，飞来峰第 58 龛

从明代文人张岱所撰《岣嵝山房小记》中可知，密理瓦巴像头部等的残破是因其被错当为杨琏真伽像，而于明天启四年（1624）被砸残的。今北京首都博物馆藏有一尊明代的大成就者费卢波像，与第 91 龛中密理瓦巴像的动态几乎一致，对照后可知，龛中密理瓦巴硕壮鼓腹，斜靠于一石，盘腿而坐。北京首都博物馆藏大成就者费卢波像，身体略向后倾，头部微仰，顶戴花环，双目圆睁，目光凝视右手所指之日，面带喜色，神情自若，右臂抬举，手指太阳，左手当胸托有颅钵，左腿横盘，右腿支起，禅思圣带环与右膝腰间。在密理瓦巴像右手所指处，龛的右上角，刻有一云纹环绕的圆盘即其所指之太阳。龛右镌有二位侍女及酒缸一只，二位侍女虽头手有损，但依然可见，形体柔美，衣裳轻薄贴体，褶襞流畅，或身披云肩，或长裙拂地，皆弯腰屈膝。虽前一侍女仍作袒胸之状，但整体姿态及造型手法皆为汉风，手中所持酒具及身前之酒缸也为汉地之典型器形。就此可以看出，此龛虽为藏传佛教主师题材，造像则采用汉梵

图 5.61　元，右胁侍大势至菩萨，飞来峰第 59 龛　　图 5.62　元，文殊菩萨像，飞来峰第 67 龛

并举的手法。[28]

在龙泓洞口外南侧崖壁上的第 37 龛（图 5.59），陈高华先生识为释迦佛坐像，赖天兵先生则从主尊左手所持金轮及龛下九尊小像共同所构成的整体，正符合主尊炽盛光佛与伴神九曜的组合，以判断此龛为"金轮炽盛光佛"。并指出：

> 龛下九尊小像，南亚次大陆（或西藏）密宗艺术中的九曜通常袒上衣披帔帛，头戴五叶冠坐莲花或坐灵台上，诸曜间的姿态与持物变化较多，而汉地雕刻中的曜神间的姿态变化不大，多为双手于胸前拱揖（或持笏），身着袍服。本龛九曜小像虽形象比较模糊，但仍体现汉地造像的特点。主尊炽盛光佛与曜神的塑造分属两大佛教艺术系统，藏传佛教与汉传佛教造像的风格并现于炽盛

---

[28] 赖天兵：《杭州飞来峰第 91 号龛藏传佛教造像考》，《中国藏学》1999 年第 3 期。文中对此龛考证精详，遂从之。

光佛变相之中，这是本龛雕刻所展现的元代藏汉佛教交流的一个层面。

汉传造像中的这一特点具体表现在如第58龛的阿弥陀佛坐像整体造型皆为汉传样式（图5.60），但其顶髻却为梵式，两层罗发之上还有宝珠顶严。第59龛西方三圣坐像，为典型的汉式造像（图5.61），但其中左右胁侍观世音菩萨和大势至菩萨的两耳皆饰有梵相优钵罗花珥珰，而且这一现象在第31龛、44龛、71龛等汉传造像中也有采用。

位于冷泉溪南岸栈道旁的第67龛文殊菩萨坐像（图5.62），顶髻高耸，头戴五叶冠，冠缯成扇形，宝腰飘举，耳垂优钵罗花，身佩璎珞，右手膝前作与愿印并拈有智慧宝剑的莲花茎，左手当胸持有般若经箧的莲花茎，双莲身傍齐肩盛开，双足跏趺坐于莲花宝座之中，身后马蹄形头光。此本是藏传佛教白文殊的样式，但此像披帛宽松，天衣环绕，裙裾垂覆与莲花座上，衣帛褶襞线条流畅，开脸、体态、衣帛以及莲花座皆为汉传造像样式，汉梵样式在此结合得天衣无缝，因此第67龛文殊菩萨坐像可谓是汉梵并用的美轮之作。

在青林洞南口上方至元十九年（1282）镌造的第3龛华严三圣坐像中，右胁侍普贤菩萨左手所托之箧，左胁侍文殊菩萨左手所持之金刚剑也当为梵相样式之化现，但此龛中最值得注意的是在主尊毗卢遮那佛所戴之宝冠中饰有藏传佛教五方佛，五方佛从左至右依次为：不空成就佛、阿弥陀佛、毗卢遮那佛、阿閦佛、宝生佛。五佛皆头戴五叶冠、顶髻高耸，结跏趺坐于莲瓣宽阔的梵式莲花座上，背后有马蹄形头光和身光，外饰卷纹草、莲花及祥云。雕刻精细，五佛与四周装饰融为一体，表现出镌造者对显密佛教教理的熟悉，对汉梵造像样式的精通，因此在雕凿之前应已有完整的构思。但此龛镌造时间距元军入杭的至元十三年（1276）才五年，在飞来峰元代造像的镌造才刚起步的第一年，江南还少有梵相的情况下，光有本地的艺匠当没有这样的条件能如此熟练地完成这种汉梵样式的结合。因此笔者认为在飞来峰元代造像镌造之初，当有来自西夏或元两都的艺匠参与其中，并有相应的造像样稿作为依据，才能制作出如此娴熟地将汉梵样式融为一体的造像。[29]

　　这种汉梵并用的手法并非始于飞来峰，在藏区、敦煌及西夏时期的雕版、壁画及唐卡中常能看到具有这一特点的造像。如此前已提及的吐蕃时期的拉萨大昭寺二楼东北角壁画《六臂观音》中，主尊两侧上角的飞天就与敦煌唐代壁画中的飞天造型近似，显示出自唐代起汉传造像样式亦已影响至藏区，并且汉梵两种样式已经开始融和。同样在敦煌的绘画中也有这一特点，现藏于大英博物馆的斯坦因32号藏品《千手千眼观音菩萨曼陀罗》帛画（图5.63），画中有唐丙辰年（836）的汉藏两种文字的题记及绘制者央白的款名，其应是一位藏人艺匠。此画充分体现了汉梵两种样式的结合，置于上首的药师佛、紧靠于四周的诸神、普贤骑象和文殊骑狮皆为唐代典型的佛教造型，身着衣帛，体态丰腴，面相圆润，莲花座也是较为繁复的唐代样式。而置于药师佛左右的菩萨则呈梵相，皆面形较方，丰胸细腰，上身大部裸露，斜披天衣，结游戏坐于较为简洁之莲花座上。背后有圆形背光和梵式的马蹄形头光，两像皆为吐蕃时期的典型造型。因此我们从画面的造像特点可以得知，此帛画的绘制者央白应是位通晓显密教义、精通汉梵样式并具有高超绘画技艺的吐蕃画家。至此可以看出，从中唐、吐蕃时期起，在显密教义相遇之初，佛教艺匠们即已经通过汉梵两种样式的结合来表达完整的佛教教义。而且这一方式在佛教的传播中一直在被应用而从未间断，在之后的藏传佛教后弘期及西夏时期的造像中，也时常能体现出这一特点。

　　自公元10世纪起的藏传佛教后弘期，一方面是从克什米尔引进的造像样式与阿底峡尊者所带来的波罗风格的结合，另一方面是吐蕃王室的后代在山南建立的小王国，为兴佛教，而派"鲁梅十人"到安多诸地请佛，把具有汉地风格的造像元素又传回了卫藏。这在随后建造的扎塘寺和夏鲁寺的造像中皆有所体现。如扎塘寺西壁南侧下部壁画释迦牟尼佛莲座下方的侧面立像与西夏天盛十六年（1161）雕版《大方广佛华严经普贤行愿品疏序》插图大日如来法座下

---

[29] 赖天兵先生在《从飞来峰交流的风格形体看飞来峰元代造像与西夏艺术的关系》（《敦煌研究》2009年第5期）第76页中也有相似的推论。

图 5.63　836 年，千手千眼观音菩萨曼陀罗帛画，大英博物馆藏

图 5.64　西夏，《大方广佛华严经普贤行愿品疏序》插图

图 5.65　藏传佛教后弘期，耶玛寺的泥塑

图 5.66　《观弥勒菩萨上升兜率天经》插图局部

图 5.67　西夏，敦煌第 10 窟窟顶藻井

方两侧的人物（图 5.64）即在造型上非常相似[30]，而夏鲁寺的木雕佛像和耶玛寺的泥塑（图 5.65），其造型及衣纹的表现手法皆具有褒衣帛带的汉地造像风范。

在西夏作于 1189 年的早期雕版《观弥勒菩萨上升兜率天经》[31]首版插图中右上角的道士、左下角的罗汉、右下角的天王皆表现出汉风（图 5.66）。又如西夏时期安西榆林窟第 10 窟、29 窟、3 窟等也皆为汉梵风格相结合的窟龛，如第 10 窟顶中央为九佛藻井（图 5.67），中心的阿弥陀佛九品曼陀罗图像为梵相，而窟顶西披的伎乐天则全然是唐五代的汉传样式，两种风格和谐地结合于一处（图 5.68）。

在西夏的唐卡中的许多造像因素，在飞来峰元代造像中都能看出其中的承继关系。如前已论及的释迦牟尼佛、绿度母、佛顶尊胜佛母、多闻天王等，其中《阿弥陀佛净土变卷轴》中带茎的莲花座，更是表现出与飞来峰第 95 龛莲花座几乎一致的独特性。同样，这幅唐卡也是一副典型的汉梵造像样式结合的画作，主尊阿弥陀佛与左胁侍观世音菩萨和右胁侍大势至菩萨为汉传样式，而画面中的周边龛中的佛像则皆为梵式造像。这种在造像样式上与飞来峰元代造像具有强烈渊源关系的唐卡，则可充分说明飞来峰造像中汉梵结合的样式是有粉本作为依据的。

同样，汉梵结合的手法在元大都的遗物，北京居庸关云台造像中同样可以看到。如前所述，居庸关云台石刻浮雕的造像样式即是汉梵并用的实例，在一些细节中也能看到这一特点，如南北券门柱基的十字交杵金刚中心的阴阳鱼（图 5.69）、大鹏双翼上方刻有的两个圆圈中，右侧的兔子、左侧的三足乌，应是代表了月亮和太阳的汉文化母题。[32] 券门内的四大天王，是传统的汉传造像题材与样式，但其宝冠中央的化佛则为梵相。就此从居庸关汉梵结合的实例可以想见，元时两都的造像中汉梵样式的相互融合当也是必然的。

这种汉梵并用、相互融合的手法在元代与飞来峰造像几乎同时的《碛砂藏》

---

30 谢继胜：《西夏藏传绘画——黑水城出土西夏唐卡研究》，第 247 页。
31 谢继胜：《西夏藏传绘画——黑水城出土西夏唐卡研究》，第 197 页。
32 熊文彬：《元代藏汉艺术交流》，第 101 页。

图 5.68　西夏，伎乐天，榆林窟第 10 窟窟顶西披

雕版印刷的扉画中也能得到体现（图 5.70）。元代松江府僧管主巴主持了在杭州孤山的万寿寺雕刊河西字大藏经，完成于大德六年（1302），并在大德十年（1306）继续刊造其中新发现的未完部分。《碛砂藏》中的雕版扉画共有八种，按每帧的千字文顺序排列，每八字重复一次。因《碛砂藏》雕版准备之初，杨琏真伽还在任期，应曾参与过其中的选址等事，[33]因此在《碛砂藏》的一种扉画中的右缘雕有"都功德主江淮诸路释教都总统永福大师杨琏真伽"的字样一行。此帧扉画与其他扉画不同的是纯为汉式，因而可知此扉画绘制时当为亡宋不久，其中造像样式皆循宋旧。而大德六年（1302）之扉画已是一派梵相，但仍有许多汉传样式的内容间于其中。如天一左侧上部的道士、玄一左上的汉装供养人、黄一正下的汉服托盘的供养人、宇一正下的供养人、洪一上部两侧的天部和道士、荒一左上的道士、正下的汉装人物。这些汉装的人物在画面中与梵相皆能融为一体，共同表达出画面所需的意境。还有一个重要因素即扉画中

33　赖天兵：《关于元代设有江淮、江浙的释教都总统所》，《世界宗教研究》2010 年第 1 期，第 61 页。

图 5.69　元，交杵金刚，居庸关过街塔卷门局部

图 5.70　1306 年，《碛砂藏》版画之《大般若波罗蜜多经》卷六

已出现了绘画者的名字及印行地点。画者有陈昇、杨德春，刊造者有陈宁、孙佑，印行地在杭州众安桥北杨家印行。从名字看，这些人都应是汉人，说明当时的杭州已有了谙熟显密教义并能熟练表现汉梵造像样式的汉族艺匠，而此时距飞来峰元代造像开镌之初已有二十年了。

综上所述，飞来峰元代造像的主要特点"汉梵并用"，不光表现在有汉传佛像和西天梵相两大造像样式上，而且两种造像样式在一尊造像中也常常被同时使用，并能得到很好的结合而表现出堪称完美的造像境界。而这种汉梵造像样式的结合，自唐吐蕃时亦已开始并从未间断，更随着藏传佛教后弘期佛教的传播而趋于深化，在藏区、西夏、元大都、元杭州的佛像遗存中我们都能看到这一现象。究其原因，除了佛教传播的需要、政治的目的、地域的差异等因素外，还应是佛教教义中所具有的"不住于相"的根本精神之所致。

结　语

　　中国窟龛造像的历史始自3世纪的新疆，在历经了千年的初创、发展、繁荣和渐趋衰落的历史过程后，13世纪，在全国开窟活动皆趋凋敝之时，元代的统治者却在杭州的飞来峰大兴凿龛造像之举，之后全国则再无大型的官治开窟造像活动。在此中国窟龛造像迈向了终点。而飞来峰元代造像的"显密并举，汉梵并用"特色，华光异彩，可谓中国窟龛造像史上最后的光亮。这一特点的形成，有历史的成因，有统治的需要，有佛教的因缘，有镌造者的作用，等等，各种因素都必不可少，且相互交融。

　　从密教的历史来看，我国密教曾经历了3世纪陀罗尼密教的传入，8世纪初真言密教、瑜伽密教传入以及11世纪无上瑜伽的传入并发展而成藏传密教这三个历史阶段，至元代因朝廷的推崇，密教地位急剧上升，确立了其与汉传显教的对应关系并盛极一时，有"秘密之法日丽乎中天，波渐于四海"之势。也因此出现了杭州飞来峰元代梵相的镌造。

　　至元十三年（1276），元兵入杭，宋主归降。出于对江南统治的需要，元朝采取严密控制与安抚民众的两面政策。并在次年（1277）的二月，成立了江淮诸路释教都总统所，由杨琏真伽等统领江南佛教事务。杨琏真伽在职期间"怙势恣睢，为害不可胜言"，目的皆为配合元廷统治以密教仪轨厌胜南宋故地，同时弘传藏传佛教。而其在飞来峰的开窟造像则同时达到了此两个目的。

　　至元二十八年（1291）因桑哥败露，杨琏真伽作为其党羽被牵，忽必烈虽"贷之死"。但民怨极大，未有复职的可能。飞来峰中两处至元二十九年（1292）大元国功德主资政大夫行宣政院使杨及江淮诸路释教都总统永福大师杨的题记带来一些疑问。通过论证，笔者认为在杨琏真伽发案后不久，其子杨暗普有可能出任了行宣政院使一职，而非此时《元史》中所记的宣政院使。并且杨暗普继其父，在飞来峰继续造像活动，因此得出飞来峰元代造像是由杨家两代人共同主持镌造而成的结论。

杭州素有东南佛国之称，五代时为吴越国都，历代钱王皆大力倡导佛教，广建寺塔，并镌刻了为数众多的佛教造像，今尚有大量的遗存，其中最主要的题材为西方三圣，这表明自五代起以阿弥陀佛为信仰的净土宗已深入人心。同样西方三圣在飞来峰元代造像题材中仍然居首，这当是本地传统信仰延续之所至。同时杭州地区自五代北宋起即有十六罗汉、十八罗汉的镌造，并与布袋弥勒共处一地，为我国同类题材之始，这也在飞来峰元代造像第68龛布袋弥勒与十八罗汉中得到了承继，并影响至以后的藏传佛教同类题材。

藏传密教题材是飞来峰元代造像最主要的特点。在与元两都及西夏的比较中，可以清晰地看出，三地的藏传密教题材虽有共同之处，但又各具特点。西夏因其与藏区历史与地理的关系，造像中具有藏密无上瑜伽部的上乐金刚等题材；元两都则因其作为京城多重大佛事活动，表现在造像题材则更具系统性与完备性；飞来峰则表现出与本地传统题材的承接。同时元两都与飞来峰元代造像题材有一共同的特点，即皆无藏密无上瑜伽部的内容，体现出在藏密造像题材上的入乡随俗。在造像样式上，因三地皆表现藏传佛教内容，并且又具有共同的渊源，因此都可称为"西天梵相"。

从造像样式来看，飞来峰元代造像具有"汉梵并用"的特点，但因飞来峰元代造像与原有杭州地区造像题材所表现出的承继性，往往使人认为飞来峰元代造像中的汉传样式当来自本地，但在将飞来峰元代汉传样式与杭州地区及西夏同类题材造像的比较中，可以清楚地看到飞来峰元代造像中的汉传造像样式不是本地五代以来原有样式的延续，而是来自西夏。有些与西夏样式极度的相似性让人确信造像镌造之时当有来自西夏的粉本作为依据。

飞来峰元代造像中的梵相，因其样式在中国窟龛造像史上的唯一性而为学者所重视。当把其放置于藏传佛教造像样式的形成过程中来审视时，就能清晰地判断出其样式的种类、样式的来源、样式与样式之间的相互关系。藏传佛教造像样式自11世纪后弘期起，即有来自克什米尔与东印度波罗风格相结合的藏西风格，表现为圆浑质朴、线条单纯等特点。另一种为波罗样式与尼泊尔风格的结合而形成的卫藏风格，则表现为体态匀称，线条流畅等特点。这两大风格在以后的藏传佛教传播区一直得到了继承。在飞来峰元代梵相中也同样可以很清晰地看到这两种样式的脉络，并且其中的一些造像样式还能寻觅到其源头。这些都使得飞来峰元代造像具有了更重要的梵相图像学标尺的意义。

飞来峰元代造像中还有一些是在同一尊造像中皆有汉、梵两种样式，有些是汉传造像中有梵式的因素，有些则是在梵相造像中有汉式的因素，两种样式相互结合，互相渗透，这种娴熟掌握汉梵两种造像样式，并能使其结合得天衣无缝的特点，再一次充分说明了飞来峰镌造之初，当有造像的样稿及熟练掌握汉梵两种造像样式的外地艺匠参与其中。

回溯造像的历史，汉梵造像样式自唐吐蕃起的相会之初，业已开始了融合，并从未因佛教的起落而间断。究其根本，显密本是一家，只是修行路径的不同，汉梵样式也只是方便法门，佛教造像可随时间、地域、文化、种姓之不同而千差万别、各具法相，并常常互为表里、互相交融，这些都应是佛教所谓"真空妙有"在造像艺术上的充分体现。

参考文献

一、古代文献

1. 《元史》卷四《世祖一》，中华书局，1976年。
2. 《元史》卷十三《世祖十》。
3. 《元史》卷十七《世祖十三》。
4. 《元史》卷九《世祖纪六》。
5. 《元史》卷二百三，《列传》第十九，《方技》。
6. 《元史》卷八十五，《志》第三十五，百官一，《工部》。
7. 《宋史》第六十四卷，《宋琪传》。
8. 《元史》卷一九一《良吏传》。
9. 《元史》卷二百二《列传第八十九·释老》。
10. 《元史·宣政院》。
11. 《元史》卷九十一《百官七》。
12. 《元史·申屠致远》卷一百七十。
13. 《元史·世祖纪》。
14. 《元史·后妃传》。
15. 《元史·宣政院》。
16. ［梁］慧皎：《高僧传》，汤用彤校注，中华书局，2004年。
17. 《历代三宝记》卷八《前后二秦苻姚世录》。
18. 《造像量度经》。
19. 工布查布：《造像量度经引》。
20. ［元］陶宗仪：《南村辍耕录》卷之二，中华书局，1959年。
21. ［元］程钜夫：《雪楼集》卷七《凉国公敏慧公神道碑》，《四库全书·集部一四一·别集类》卷一二〇二，上海古籍出版社影印本。

22. ［南朝］范晔编撰：《后汉书》，中华书局，2010 年。

23. ［唐］李延寿：《南史》，中华书局，1975 年。

24. ［元］元明善：《伯颜碑》，《清河集》卷三。

25. ［东汉］班固：《汉书·西域传》，上海古籍出版社，2003 年。

26. ［北齐］魏收：《魏书·释老志》。

27. ［胡］宗宪修、薛应旂等：嘉靖《浙江通志》卷四三《人物志八·章铸传》，上海书店，1990 年。

28. ［元］刘敏中：《平宋录》卷中。

29. 《庙学典礼》卷三《郭签省咨复杨总摄元古学院产业》，王点校，浙江古籍出版社，1992 年。

30. 《明太祖实录》卷五十三，转引自陈高华：《略论杨琏真伽和杨暗普父子》。

31. ［元］张伯淳：《大元至元辩伪录随函序》，《大正藏》卷 52。

32. 《宋文宪公全集》卷一一。

33. ［宋］潜说友：《咸淳临安志》卷八十三。

34. ［宋］普济：《五灯会元》《明州布袋和尚》，苏渊雷点校，中华书局，1984 年。

二、现代专著

1. 陈高华、张帆、刘晓：《元代文化史》，广东教育出版社，2009 年。

2. 刘晓：《元史研究》，福建人民出版社，2006 年。

3. 陈高华：《元史研究新论》，上海社会科学院出版社，2005 年。

4. 蒙思明：《元代社会阶级制度》，上海人民出版社，1980 年。

5. 熊文彬：《元代藏汉艺术交流》，河北教育出版社，2003 年。

6. 任宜敏：《中国佛教史》，人民出版社，2005 年。

7. 冷晓：《杭州佛教史》，杭州市佛教协会出版，1993 年。

8. 吕建福：《中国密教史》，中国社会科学出版社，1995 年。

9. 王镛：《印度美术史话》，人民美术出版社，2004 年。

10. 印顺：《印度佛教思想史》，浙江省佛教协会。

11. 吕澂：《中国佛教源流略讲》，中华书局，1979 年。

12. 葛兆光：《中国思想史》，复旦大学出版社，2007 年。

13. 多桑：《多桑蒙古史》上册，冯承钧译，中华书局，1962 年。

14. 沈冬梅、范立舟编：《浙江通史》第 5 卷《宋代卷》，浙江人民出版社，2005 年。
15. 高念华主编：《飞来峰造像》，文化出版社，2002 年。
16. 于小东：《藏传佛教绘画史》，凤凰出版传媒集团，江苏美术出版社，2006 年。
17. 吕澂：《西藏佛学原论》，大千出版社，2003 年。
18. 李鼎霞、白化文：《佛教造像手印》，北京燕山出版社，2000 年。
19. 谢继胜：《西夏藏传绘画——黑水城出土西夏唐卡研究》，河北教育出版社，2002 年。
20. 桂栖鹏、楼毅生编：《浙江通史·元代卷》，浙江人民出版社，2005 年。
21. 汤用彤：《汉魏两晋南北朝佛教史》，武汉大学出版社，2008 年。
22. 梁启超：《佛像研究十八篇》，天津古籍出版社，2005 年。
23. 卢辅圣主编：《中国南方佛教造像艺术》，上海书画出版社，2004 年。
24. 阎文儒：《中国石窟艺术总论》，广西师范大学出版社，2003 年。
25. 宿白：《中国石窟寺研究》，文物出版社，1996 年。
26. 温玉成：《中国佛教与考古》，宗教文物出版社，2009 年。
27. 《中国石窟雕塑全集》第 6 册《北方六省石窟雕塑综述》，丁明夷主编，重庆出版社，2001 年。
28. 刘长久：《四川、重庆石窟造像的历史发展》，《中国石窟雕塑全集》第 8 卷，重庆出版社，1999 年。
29. 王家鹏编：《藏传佛教金铜佛像图典》，文物出版社，1996 年。
30. 尕藏编译：《藏传佛画度量经》，青海人民美术出版社，1992 年。
31. 李际宁：《中国版本文化丛书·佛经版本》，江苏古籍出版社，2002 年。

图书在版编目（CIP）数据

最后的光亮：杭州飞来峰元代造像研究 / 朱晨著.
上海：上海书画出版社, 2024. 10. -- (中国雕塑博士文丛). -- ISBN 978-7-5479-3396-1

Ⅰ. K879.34

中国国家版本馆CIP数据核字第20248UN776号

本丛书获中国文学艺术基金会资助

中国雕塑博士文丛
最后的光亮：杭州飞来峰元代造像研究
朱　晨　著

统　筹	徐　可
责任编辑	吴　蔚
审　读	曹瑞峰
责任校对	朱　慧
装帧设计	邵玥姣
版式制作	李　挺
技术编辑	顾　杰

出版发行	上海世纪出版集团
	◉上海書畫出版社
地址	上海市闵行区号景路159弄A座4楼　201101
网址	www.shshuhua.com
E-mail	shuhua@shshuhua.com
印刷	上海雅昌艺术印刷有限公司
经销	各地新华书店
开本	720×1000　1/16
印张	10.5
版次	2024年8月第1版　2024年8月第1次印刷
书号	ISBN 978-7-5479-3396-1
定价	68.00元

若有印刷、装订质量问题，请与承印厂联系